安徽财经大学服务安徽经济社会发展系列研究报告 2019

安徽投资发展研究报告 2019

周泽炯　任志安　汤新云　等著

合肥工業大學出版社

编　委　会

安徽财经大学科研工作始终坚持立足安徽做学问、服务安徽出成果，特别重视立足地方和行业需求构建多层次智库平台。安徽经济社会发展研究院是安徽财经大学设立的研究安徽经济社会发展的专门研究机构，拥有安徽省人文社科重点研究基地、省级协同创新中心、省教育厅智库和安徽省重点智库四个省级科研平台。这些平台优化资源配置、聚合科研力量，鼓励和引导教师围绕安徽省委省政府的重大发展战略选题，深入研究安徽经济社会发展中的重点、热点和难点问题，着力破解制约安徽地方经济社会发展的重大理论和现实问题，为建设特色鲜明的地方高水平财经大学提供了有益的智力支持，取得了较为丰硕的成果并积累了丰富的经验。安徽经济社会发展研究院努力实现在安徽经济发展方面的理论基础、政策研究与实践应用的紧密结合，打造成为立足安徽、面向全国的财经智库。

安徽财经大学每年出版的服务安徽经济社会发展系列研究报告是由安徽经济社会发展研究院组织相关学院的专、兼职研究人员编写出版。我校 2006 年公开出版服务安徽经济社会发展的首部研究报告——《安徽经济发展报告》，2007 年《安徽省县域经济竞争力报告》发布，2010 年《安徽省贸易发展研究报告》出版发布，形成我校服务安徽经济社会发展的三大品牌报告。至 2019 年，年度研究报告增至十部，主要包括：《安徽生态文明建设发展报告 2019——新安江生态补偿机制专题报告》《安徽投资发展研究报告 2019》《安徽贸易发展研究报告

2019》《安徽劳动就业与社会保障发展报告 2019》《安徽城市发展研究报告 2019》《助力乡村振兴——安徽农产品加工业发展研究报告 2019》《安徽财政发展研究报告 2019》《安徽县域经济竞争力报告 2019》《安徽养老服务业发展报告 2019》《安徽经济发展研究报告 2019》等。

安徽财经大学服务安徽经济社会发展系列研究报告坚持稳定、控制数量、不断提升质量的指导思想，通过进入退出机制、激励机制、分级分类机制、合作机制、运行机制、评价机制和发布机制的改革，政策影响力和媒体影响力日益扩大。2016 年，安徽经济社会发展研究院成功入围中国智库索引首批来源智库，并获大学智库指数排名中的普通高校第一名。根据《中国智库索引（CTTI）2018 年发展报告》，2018 年安徽经济社会发展研究院入选 CTTI 高校智库百强榜。

纵观这十部研究报告可以看出，报告的组织者与撰写者都付出了辛勤的劳动和不懈的努力。当然，我们也清醒地认识到，报告还存在这样或那样的缺点，与政府部门领导和社会各界对我们的期望还有相当大的差距，学校应当在智库建设方面做得更多、更好。我们坚信，只要坚持走下去，只要继续得到社会各界的关心和帮助，系列研究报告一定会越做越好！学校的智库建设也将结出更多的硕果！

安徽财经大学党委书记、校长　丁忠明

2019 年 4 月 20 日

目前，我国经济下行压力加大，消费增速减慢，充分发挥投资对经济发展的作用仍然是实现经济高质量发展的关键。对于经济欠发达的安徽而言，扩大有效投资、优化投资结构和提升投资质量无疑是保证经济持续健康发展的重要手段。本报告运用定性分析和定量分析相结合的研究方法，首先对安徽总体投资情况进行分析，然后对农业、工业、服务业、房地产业等主要产业投资以及民间投资情况进行详细分析，以揭示2018年安徽投资发展的基本特征与存在的主要问题，提出对策建议，并对未来几年安徽投资发展情况进行合理预测，以期为政府部门的宏观调控和投资管理以及企业投资决策提供一些参考。本报告主要研究内容和研究结论如下：

一是，宏观经济运行和投资形势分析。通过对宏观经济运行和投资形势分析发现，2018年，安徽经济运行在合理区间，保持平稳运行态势；农业生产稳定，种植结构优化；工业生产发展持续加快，效益明显改善；工业结构优化深度推进，新兴产业和高技术产业快速增长；服务业运行持续向好，旅游业稳定发展；外贸保持平稳发展，结构不断优化；消费市场平稳运行，消费方式升级现象显著。2018年，全省固定资产投资实现较快增长，投资结构持续优化；制造业成为拉动投资增长的重要力量，基础设施投资增速回落；各地级市固定资产投资增速加快调整，区域投资间的差距不断缩小；民间投资保持较快增长，民间投资结构不断优化；到位资金平稳增长，资金来源结构持续调整。但是，全省固定资产投资结构仍需优化，金融投资的风险亟须加强管控，南北投资差距有待缩小，融资难、融资慢、融资贵的现象需要改善。为此，笔者就经济发展模式转变、产业协调发展、金融风险防范、消费市场发展、资产投资结构优化、居民收入差距、区域投资协调、民间投资活力等方面提出相关建议。

二是，农业投资分析。通过对农业发展状况的分析发现，近年来安徽农业规模不断扩大，农业贡献率处于合理区间，农业结构不断优化，农产品出口大幅度提升，农业机械化水平明显提高，农业生态环境得到大幅度改善。通过对农业投资的分析发现，安徽财政对农业投资的支出不断上升，农业水利设施投资加大，休闲农业投资力度加大。但长期以来困扰农业投资的问题还没有解决，如各农业投资波动性大，农业投资占固定资产投资总额的比重出现下降趋势，各地区出现农业投资差异大、农业投资效率有待提高、农业投资管理不到位等情况。针对安徽农业投资存在的问题，从提高农户投资积极性、优化农业投资来源结构、完善政府农业投资体制等方面提出对策措施。

三是，工业投资分析。通过对工业投资情况分析发现，安徽工业投资保持较快增长态势，投资结构不断优化，制造业对工业投资的贡献率持续提升，技术改造投资保持高位增长，工业投资效益持续向好，工业投资总额和增速位于中部前列。但安徽工业投资还存在如下问题：工业投资结构有待优化，工业投资效率有待提高，区域投资存在较大差距，工业投资效益系数波动较大等。针对这些问题，笔者提出相应的对策建议。此外，笔者还从安徽工业投资发展的支撑条件出发，对工业投资增速、高端制造业投资、工业投资区域差距等方面进行基本判断，并在此基础上提出安徽未来工业投资发展的重点方向。

四是，服务业投资分析。通过对服务业投资情况分析发现，安徽服务业投资的经济环境和政策环境明显改善，服务业投资规模不断扩大，服务业投资结构不断优化，服务业投资效率不断提高。但是，安徽服务业投资增速逐渐放缓，三次产业投资结构与产业结构不相适应，服务业内部结构不合理，不同地级市服务业投资差距比较明显，投资效益、规模效应和集聚效应不明显等。针对这些问题，笔者从创造良好的服务“软”环境、提高城市综合实力水平、拓宽融资渠道、加快城市化建设、强化自主创新能力、推进重要企业和重大项目载体建设、提升公共平台、创新体制机制等方面对安徽服务业投资发展提出对策建议。

五是，房地产业投资分析。通过对房地产业投资情况分析发现，安徽房地产业投资的经济环境与政策环境不断优化，房地产业投资规模逐渐扩大，商品房建设规模稳步提升，房企开发投资企业资金情况向好，不同用途房地产开发投资更加合理，房价水平整体保持较低增速。但是，安徽房地产业投资增速波动明显，不同地区房地产业投资分化明显，房地产业投资结构有待改善，房地产业投资效率有待提高，房地产建设住房供需矛盾加剧等。针对房地产业投资存在的问题，笔者提出对策建议。此外，在分析安徽房地产业投资发展的有利条件与不利条件的基础上，对2019—2021年安徽房地产业投资趋势进行预测。

六是，民间投资分析。近年来，安徽民间投资的环境不断优化，投资者的意愿和信心逐步提振，投资活力不断增强，民间投资已成为推动经济增长、增加劳动就业和提高居民生活水平的重要支撑力量。2018年，全省民间投资总量持续增加，增速反弹明显；民间投资率呈现出快速增长的态势；民间投资占第二产业投资的比重相对较大，制造业与房地产业民间投资占比较高；皖南与皖中地区民间投资占全省民间投资比重较大，皖北地区所占比重相对较小；民间投资增速呈现出皖北分化、皖中稳定、皖南高速的特点；民间投资效率略低于全国平均水平，且呈现出先升后降的特征；各地级市民间投资和各行业民间投资的技术效率与规模效率差异明显。目前，安徽民间投资存在如下问题：总体规模偏小、结构不优、投资效率偏低，民间投资领域有待进一步拓宽，民间投资主体实力相对不强。针对民间投资存在的问题，笔者提出了相应的对策建议。此外，基于安徽民间投资发展所处的有利条件及不利条件，并结合前期数据对其后续两年的发展进行展望。

本报告是集体智慧的结晶，主要撰写人是周泽炯教授、任志安教授、汤新云博士和高莉莉博士。研究生吴慧展、李若晨、陆苗苗、马朝阳、许俊鹏、邢皓、梁岭、林云志、张苑苑等做了大量优秀的助研工作。

本报告在撰写过程中，得到了安徽财经大学和安徽经济社会发展研究院领导的大力支持和帮助，参阅了大量文献并借鉴吸收了一些作者的新观点。对于各方的支持和帮助，在此一并深表感谢。由于时间仓促和水平有限，本报告可能存在一些不足之处，恳求读者提出宝贵的意见和建议。

周泽炯　任志安　汤新云 等

2019 年 6 月

MU LU 目录

第一章　安徽宏观经济运行和总体投资分析

2018 年，面对复杂多变的外部环境和艰巨繁重的改革发展任务，全省人民在安徽省委省政府的坚强领导下，认真贯彻落实党中央、国务院各项决策部署，坚持稳中求进的工作总基调，按照高质量发展要求，持续深化供给侧结构性改革，全面实施五大发展行动计划，精准施策，攻坚克难，经济运行总体平稳，高质量发展取得重要进展。2018 年，全省固定资产投资总体表现亮眼，投资总量快速增长，投资结构持续优化，投资质量不断提高，发展动力显著增强。农业、工业投资呈快速增长态势，制造业投资成为拉动投资增长的主要动力，民间投资亦大幅增长，而基础设施建设投资及房地产投资则呈现相对回落态势。本章对安徽宏观经济运行和总体投资的基本情况、呈现的特点与存在的主要问题进行分析，并提出政策建议。

第一节　安徽宏观经济运行分析

2018 年，安徽经济保持平稳运行的态势，经济结构不断优化，各项主要经济指标稳步增长，工业、服务业实现较快增长，企业效益得到进一步改善，制造业尤其是高新技术经济、战略性新兴经济以及新兴服务业成为经济增长的主要动力。

一、经济运行在合理区间，保持平稳运行态势

近年来，全省经济运行在合理区间，保持了平稳运行的态势，主要指标增速全国靠前、中部领先、长三角领先，经济结构不断优化，发展质效不断提升，民生福祉不断增进。同时也要看到，当前外部环

境复杂严峻，实体经济困难仍然较多，经济下行压力较大。

2018年，全省实现地区生产总值30006.8亿元，首次突破3万亿元大关，经济总量在全国31个省市中排名第13位，在中部六省份中名列第4位。按可比价格计算，GDP总量比上年增长8.02%，增速超过全国1.42个百分点，居全国第7位，中部第2位。按三次产业划分，第一产业增加值2638.0亿元，增长3.2%；第二产业增加值13842.1亿元，增长8.5%；第三产业增加值13526.7亿元，增长8.6%。三次产业结构由上年的9.6∶47.5∶42.9调整为8.8∶46.1∶45.1。年末全省从业人员4385.3万人，比上年增加7.4万人。其中，第一产业1353.6万人，减少9.7万人；第二产业1263.3万人，增加3.8万人；第三产业1768.4万人，增加13.3万人。全年城镇新增就业70.5万人，失业人员再就业21.1万人，困难人员再就业5.7万人。

居民消费价格上涨2%，涨幅比全国低0.1个百分点，比年度控制目标低1个百分点。工业生产者出厂价格上涨3%，工业生产者购进价格上涨5.3%。

社会消费品零售总额达到12100.1亿元，比上年增长11.6%，增幅比全国高2.6个百分点，居全国第2位。

全年财政收入5363.3亿元，增长10.4%，其中地方财政收入3048.7亿元，增长8.4%。全部财政收入中，税收收入4419亿元，增长11.9%，其中增值税和营业税增长12.6%，企业所得税增长22.3%。财政支出6572.1亿元，增长5.9%。重点支出项目中，社会保障与就业支出增长10.7%，城乡社区事务支出下降1.7%，科学技术支出增长13.2%，教育支出增长9.7%。全年33项民生工程累计投入1067.3亿元。

2018年，全省常住居民人均可支配收入23984元，比上年增长9.7%。其中，城镇常住居民人均可支配收入34393元，同比增长8.7%；农村常住居民人均可支配收入13996元，同比增长9.7%。

全省主要宏观经济指标在中部六省中排名居中靠前，房地产投资、进出口总额及出口额都位居中部六省中的第2位。房地产投资5971.7亿元，仅低于河南的7015.47亿元。进出口总额及出口额则分别较第

1 名的河南省低 1361.91 亿元和 1192.39 亿元。全省财政收入低于河南和湖北，居中部六省的第 3 位。固定资产投资总额及社会消费品零售总额稳定保持在中部六省第 4 位。全省城镇居民人均可支配收入居中部六省第 3 位，农村居民人均纯收入居中部六省第 4 位。

具体数据详见表 1-1、表 1-2 和表 1-3 所列。

表 1-1 2017—2018 年安徽三次产业指标

指　标	2017 年绝对量（亿元）	2017 年增长率（%）	2018 年绝对量（亿元）	2018 年增长率（%）
地区生产总值	27518.7	8.5	30006.8	8.02
第一产业	2611.7	4.0	2638.0	3.2
第二产业	13486.6	8.6	13842.1	8.5
第三产业	11420.4	9.7	13526.7	8.6

数据来源：根据安徽省统计局网站和国家统计局网站相关数据整理。

表 1-2 2018 年安徽主要经济发展指标

主要指标	指标数值	比上年同期增长（%）
地区生产总值（亿元）	30006.8	8.02
固定资产投资额（亿元）	32216.7	11.8
其中：房地产开发（亿元）	5971.7	6.4
社会消费品零售总额（亿元）	12100.1	11.6
财政收入（亿元）	5363.3	10.4
进出口总额（亿美元）	629.7	16.6
其中：出口（亿美元）	362.1	18.3
城镇常住居民人均可支配收入（元）	34393	8.7
农村常住居民人均可支配收入（元）	13996	9.7

数据来源：根据安徽省统计局网站和国家统计局网站相关数据整理。

表 1-3 2018 年中部六省主要经济发展指标总量与安徽排名

主要指标	山　西	安　徽	江　西	河　南	湖　北	湖　南	安徽排名
地区生产总值（亿元）	16818.11	30006.8	21984.8	48055.86	39366.55	36425.78	4
固定资产投资（亿元）	6050.4	32216.7	24186.9	47445.5	35378.6	34460.9	4

（续表）

主要指标	山　西	安　徽	江　西	河　南	湖　北	湖　南	安徽排名
房地产投资（亿元）	1376.6	5971.7	2211.4	7015.47	4693.8	3945.95	2
社会消费品零售总额（亿元）	7338.5	12100.1	7566.4	20594.74	18333.60	16340.36	4
财政收入（亿元）	2292.6	5363	3795.0	5875.82	6230.0	4843	3
进出口总额（亿元）	1369.9	4150.8	3164.9	5512.71	3487.2	3079.51	2
出口额（亿元）	810.4	2386.6	2224.1	3578.99	2253.2	2026.73	2
城镇居民可支配收入（元）	31035	34393	33819	31874.19	34455	37105.2	3
农村居民人均纯收入（元）	11750	13996	14460	13830.74	14978	14139.0	4

数据来源：中部六省统计局网站和国家统计局网站。

二、农业生产稳定，种植结构优化

近年来，安徽积极发展农业，农业生产稳定。大力调减非优势区域水稻、玉米播种面积，增加蔬菜、大豆播种面积，农业结构不断优化。2018 年，全年粮食产量 4007.3 万吨，同比上年下降 0.3%，产量居全国第 4 位，比上年前移 1 位。油料产量 158 万吨，增长 2.2%，其中花生产量 71.1 万吨，增长 3.3%；油菜籽产量 84.3 万吨，增长 1.4%。棉花产量 8.9 万吨，增长 2.9%。茶叶产量 11.2 万吨，同比上年增长 4.3%。蔬菜产量 2112.8 万吨，同比上年增长 4.9%。水果产量 643.8 万吨，同比上年增长 6.2%。

具体数据见表 1－4 所列。

表 1－4　2018 年安徽省主要农产品产量及增速

产品名称	绝对数（万吨）	比上年增长（%）
粮食	4007.3	－0.3
油料	158.0	2.2
其中：花生	71.1	3.3

（续表）

产品名称	绝对数（万吨）	比上年增长（%）
油菜籽	84.3	1.4
棉花	8.9	2.9
烤烟	2.0	－3.8
蚕茧	2.9	－0.1
茶叶	11.2	4.3
蔬菜	2118.2	4.9
水果	643.8	6.2

数据来源：安徽省统计局网站。

三、工业生产发展持续加快，效益明显改善

2018年，全省工业生产增速创下近4年新高，企业运行质量与效益得到明显改善，工业结构深度优化，企业数量精简、规模扩大，新动能加速成长，企业运行质态进一步提高，工业经济发展继续保持着良好格局。

（一）规模以上工业产值与利润双创新高，企业效益增长显著

2018年末，全省规模以上工业企业19421户，比上年减少1028户。全年规模以上工业增加值比上年增长9.3%，增速居全国第4位、中部第1位，创近4年新高。分经济类型看，国有企业增加值增长13.7%，股份制企业增加值增长8.6%，外商及港澳台商企业增加值增长12.3%，集体企业增加值小幅增长0.4%，其他经济类型企业增加值小幅增长0.2%，而股份合作企业增加值则同比下降4.8%。其中，大中型工业企业增加值增长幅度达到8.7%。分三大门类看，采矿业增加值增长0.8%，制造业增加值增长9.6%，电力、热力、燃气及水生产和供应业增加值增长13.9%。

全年规模以上工业企业实现利润2448.2亿元，增长27.8%，增速为近7年新高。其中，国有企业下降4.7%，股份制企业增长32.9%，外商及港澳台商投资企业增长2.6%，中小企业增长34.4%，

民营企业增长 28.8%。降成本取得实效，规模以上工业企业每百元主营业务收入成本 85.6 元，比上年减少 0.6 元，为近 9 年最低水平。

具体数据详见表 1－5 所列。

表 1－5 2018 年安徽不同经济类型规模以上工业企业增加值和增速

指　标	增加值 （亿元）	增速 （%）
规模以上工业增加值	12010.4	9.3
其中：国有企业	336.2	13.7
集体企业	15.66	0.4
股份合作企业	3.8	－4.8
股份制企业	9996.4	8.6
外商及港澳台商企业	1506.2	12.3
其他经济类型企业	124.25	0.2
其中：大中型工业企业	6193.6	8.7

数据来源：安徽省统计局网站。

（二）工业结构优化深度推进，新兴经济与高技术经济快速增长

为主动适应和引领经济发展新常态，安徽加快推进供给侧结构性改革，在全省规模以上企业生产经营状况总体保持稳定的同时，工业结构继续优化，优化深度继续推进。同时，安徽出台了稳定发展规模以上工业企业的政策，大力实施制造强省建设，积极推动企业上规模、上台阶，有力促进了全省工业经济的发展。

2018 年，安徽规模以上工业中 40 个工业大类行业有 32 个增加值保持增长。其中，计算机、通信和其他电子设备制造业增长 28.8%，医药制造业增长 17%，黑色金属冶炼和压延加工业增长 15.7%，电力、热力生产和供应业增长 14%，有色金属冶炼和压延加工业增长 13.4%，电气机械和器材制造业增长 12.1%，化学原料和化学制品制造业增长 10.4%，通用设备制造业增长 7%，农副食品加工业增长 6.8%，汽车制造业增长 6%。

工业结构持续优化，全年装备制造业增加值增长 12%，高新技术经济增加值增长 22.6%，战略性新兴经济产值增长 16.1%，占规模以

上工业的比重由24.7%增长至29.5%，24个战略性新兴经济集聚发展基地工业总产值增长16.6%。

具体数据详见表1－6、表1－7和表1－8所列。

表1－6　2018年全省规模以上工业企业主要产品产量及增速

产品名称	单位	产量	增速（%）
纱	万吨	127.6	15.6
布	亿米	9.7	19.4
化纤	万吨	39.6	10.5
饮料酒	亿升	12.0	－9.7
卷烟	亿支	1114.4	8.5
彩色电视机	万部	2289.2	47.7
家用洗衣机	万台	2126.0	2.7
家用电冰箱	万台	2631.1	7.2
房间空调器	万台	3210.3	3.2
能源生产总量	万吨标准煤	8620.2	－1.4
原煤	万吨	11529.1	－2.3
发电量	亿千瓦时	2622.8	9.1
柴油	万吨	183.4	－27.2
生铁	万吨	2422.0	0.7
粗钢	万吨	3105.2	6.7
钢材	万吨	3195.0	7.2
十种有色金属	万吨	209.6	18.0
水泥	亿吨	1.3	1.8
平板玻璃	万重量箱	3310.2	－12.2
硫酸	万吨	588.8	15.4
纯碱	万吨	37.3	－56.5
化肥	万吨	216.9	9.6
化学农药	万吨	11.0	2.2
合成洗涤剂	万吨	90.8	6.6
金属切削机床	万台	2.8	9.8
汽车	万辆	92.0	－14.4
电力电缆	百万米	2364.7	3.7
橡胶轮胎外胎	万条	3848.1	－21.4

数据来源：安徽省统计局网站。

表 1-7 2011—2018 年安徽规模以上高新技术经济产值、增加值及增速

年　份	产值（亿元）	增速（%）	增加值（亿元）	增速（%）
2011	8330.3	46.5	2142.7	24.6
2012	10255.0	16.0	2624.1	16.5
2013	12053.1	16.7	3013.2	15.7
2014	13521.5	13.8	3361.7	13.6
2015	15313.8	11.8	3680.8	11.8
2016	18219.6	19.0	4094.9	11.3
2017	21936.4	20.4	4700.9	14.8
2018	24919.8	13.6	5354.3	13.9

数据来源：安徽省统计局网站。

表 1-8 2018 年安徽省战略性新兴经济产值

指　标	累计值（亿元）	增速（%）
总产值	14321.9	16.1
新一代信息技术经济	3534.09	12.7
高端装备制造经济	1541.3	9.8
新材料经济	3594.9	21.8
生物经济	1582.4	16.9
新能源汽车经济	792.7	22.6
新能源经济	1037.7	11.6
节能环保经济	2253.1	17.5
数字创意经济	—	5.4

数据来源：安徽省统计局网站，经济分类根据《战略性新兴经济分类（2017）》调整。

四、服务业运行持续向好，旅游业稳定发展

2018 年，安徽服务业保持平稳发展态势，其中，生产性服务业总体保持平稳态势，物流业快速增长，旅游业稳中快进，以信息传输、互联网为代表的新兴服务业快速发展，经济高质量发展取得新突破。

（一）服务业整体向好，结构不断优化

2018年，全省服务业实现总量增长8.6%，高于GDP增速0.58个百分点，增速比第一产业和第二产业增速分别高5.4和0.1个百分点，占比由上年的42.9%提高到45.1%，为历史新高。

全年旅客运输量6.4亿人，比上年下降8.3%；货物运输量40.7亿吨，增长0.8%；旅客运输周转量1206.2亿人公里，增长0.8%；货物运输周转量11783.7亿吨公里，增长3.2%。全年港口货物吞吐量5.1亿吨，下降0.2%。全省民航机场旅客吞吐量1360万人次，增长19.1%。全年电信业务总量2257.8亿元，比上年增长171.3%；邮政业务总量316.8亿元，增长27.7%；快递业务量11.2亿件，快递业务收入111亿元，比上年分别增长30.1%和23.9%。年末本地固定电话用户517.2万户，比上年减少34.2万户；移动电话用户5727.6万户，增加728.2万户；每百人拥有电话（含移动）99.8部，增加10.2部。年末基础电信运营企业计算机互联网宽带接入用户1662.4万户，增加338.8万户。

具体数据详见表1－9所列。

表1－9　2018年安徽服务业各类指标数值和增速

指　　标	指标数值	同比增长（%）
服务业产值（亿元）	13526.7	8.6
旅客运输量（亿人）	6.4	－8.3
货物运输量（亿吨）	40.7	0.8
货物运输周转量（亿吨）	11783.7	3.2
民航机场旅客吞吐量（万人次）	1360	19.1
电信业务总量（亿元）	2257.8	171.3
邮政业务总量（亿元）	316.8	27.7
快递业务量（亿件）	11.2	30.1

数据来源：安徽省统计局网站。

（二）旅游业持续稳定发展，旅游收入快速增长

2018年，在全省各地级市相关政策的支持引导下，旅游业实现持

续稳定增长，旅游业现代化发展进程加快，旅游供给进一步丰富和优化，旅游经济规模持续扩大，质量效益逐步提升，旅游业创收不断增长，成为省内居民收入的重要来源。

全年入境旅游人数 607 万人次，比上年增长 10.5%。其中，外国人 354 万人次，增长 10.3%；港澳台同胞 253 万人次，增长 10.9%；国内游客 7.21 亿人次，增长 15.2%。旅游总收入 7241 亿元，增长 16.8%。其中，旅游外汇收入 31.9 亿美元，增长 10.7%；国内旅游收入 7030 亿元，增长 17.1%。

具体数据详见表 1－10 和表 1－11 所列。

表 1－10　2018 年安徽各类旅游游客情况

	接待入境游客（万人次）	国内游客（亿人次）	外国人（万人次）	港澳台同胞（万人次）
游客数量	607	7.21	354	253
同比增长（%）	10.5	15.2	10.3	10.9

数据来源：安徽省统计局网站。

表 1－11　2018 年安徽旅游收入情况

	旅游总收入（亿元）	旅游外汇收入（亿美元）	国内旅游收入（亿元）	皖南国际旅游文化示范区旅游收入（亿元）
收入	7241	31.9	7030	3785.2
同比增长（%）	16.8	10.7	17.1	16.4

数据来源：安徽省统计局网站。

（三）社会融资增长放缓，存贷款金额平稳增长

2018 年安徽社会融资规模增量累计 5382.2 亿元，比上年减少 2616.5 亿元。年末全省金融机构人民币各项存款余额 50677.3 亿元，比上年末增加 5068.5 亿元，增长 11.1%。其中，非金融企业存款余额 14929.1 亿元，增长 5.1%；住户存款余额 22994.8 亿元，增长 12.0%。年末金融机构人民币各项贷款余额 38815.3 亿元，比上年末增加 4334.1 亿元，增长 12.6%。其中，境内短期贷款 10532.5 亿元，增长 6.2%；境内中长期贷款 25750.1 亿元，增长 14.8%；中长期贷

款中住户贷款 12624.3 亿元，增长 21.9%。

具体数据详见表 1－12 所列。

表 1－12　2018 年末全省金融机构人民币各项存贷款余额及增速

指　　标	年末数（亿元）	比上年末增长（%）
各项存款余额	50677.3	11.1
其中：非金融企业	14929.1	5.1
住户	22994.8	12.0
广义政府	10504.0	11.7
各项贷款余额	38815.3	12.6
其中：住户	15695.6	20.7
非金融企业及机关团体	23094.1	7.7
其中：境内短期	10532.5	6.2
境内中长期	25750.1	14.8

数据来源：安徽省统计局网站。

五、外贸保持平稳发展，结构不断优化

2018 年，安徽进出口贸易保持平稳发展，外贸结构不断优化，高端产品出口快速增长，国际竞争力不断增强。

全年进出口总额 629.7 亿美元，比上年增长 16.6%。其中，出口 362.1 亿美元，增长 18.3%；进口 267.6 亿美元，增长 14.3%。从出口经营主体来看，生产型企业出口增长 20.1%，贸易型企业出口下降 1.2%。从出口商品来看，机电产品、高新技术产品出口分别增长 23%和 31.1%。

全省亿元以上在建省外投资项目 5499 个，当年实际到位资金 11942 亿元，比上年增长 9%。全年新备案外商投资项目 379 个，增长 12.1%；合同利用外资 60.8 亿美元，下降 3.3%；实际利用外商直接投资 170 亿美元，增长 7%。到 2018 年末，来皖投资的境外世界 500 强企业增加到 84 家，其中当年新引进 4 家。

全年对外承包工程新签合同金额 50.5 亿美元，比上年下降

3.8%；完成营业额 30.1 亿美元，下降 13.4%；2018 年外派劳务人员 9539 人，下降 18.1%。全年新批境外企业（机构）99 个，实际对外投资 14.5 亿美元，增长 56%，其中对“一带一路”沿线国家和地区投资 1.9 亿美元，增长 1.1 倍。

六、消费市场平稳运行，消费方式升级现象显著

市场销售量稳定增长，网上零售额快速增长。2018 年全年社会消费品零售总额达 12100.1 亿元，增长 11.6%，增幅比上年回落 0.3 个百分点，比全国高 2.6 个百分点，居全国第 2 位、中部第 1 位。按经营单位所在地分，城镇零售额为 9731.8 亿元，增长 11.3%；乡村零售额为 2368.2 亿元，增长 12.9%。按消费形态分，餐饮收入为 1322.0 亿元，增长 11.8%；商品零售额为 10778.1 亿元，增长 11.5%。

居民消费结构日趋完善，消费升级步伐加快，享受型、文化型和汽车等大型耐用消费品消费呈快速增长趋势。限额以上单位商品零售额中，电子出版物及音像制品类增长 27.1%，化妆品类增长 21.8%，体育、娱乐用品类增长 22.3%，石油及制品类增长 17.5%，中西药品类增长 13.4%，家用电器和音像器材类增长 12.5%，汽车类增长 5.9%。网上商品零售额 492.2 亿元，增长 36.1%，占限额以上消费品零售额的比重由上年的 5.6%提高到 9%。

具体数据详见表 1－13 所列。

表 1－13　2018 年安徽社会消费品零售总额情况

指　标	绝对量（亿元）	比上年增长（%）
社会消费品零售总额	12100.1	11.6
其中：限额以上消费品零售额	5453.2	11.5
按经营单位所在地分		
城镇	9731.8	11.3
乡村	2368.2	12.9
按消费形态分		
商品零售	10778.1	11.5

（续表）

指　标	绝对量（亿元）	比上年增长（%）
餐饮收入	1322.0	11.8
限额以上商品零售类值		
其中：粮油、食品类	709.2	13.4
服装、鞋帽、针纺织品类	355.7	8.7
日用品类	156.3	12.0
家用电器和音像器材类	477.4	12.5
中西药品类	256.4	13.4
石油及制品类	742.4	17.5
汽车类	1385.4	5.9

数据来源：安徽省统计局网站。

第二节　安徽总体投资分析

2018年，面对动荡的国际经济环境以及国内经济的下行压力，安徽仍然确保了全省固定资产投资平稳较快增长的态势，同时，投资结构持续优化，投资质量不断提高，发展动力进一步增强。

一、固定资产投资实现较快增长，投资结构持续优化

2018年全省固定资产投资增长11.8%，增幅比上年提高0.8个百分点，比全国高5.9个百分点，居全国第2位、中部第1位。分产业看，第一产业投资增长33%，第二产业投资增长24.6%，第三产业投资增长5.6%。分行业看，工业投资增长24.8%，其中制造业投资增长33.3%；制造业中装备制造业投资增长29.4%；六大高耗能行业投资增长0.5%。全年房地产投资总额达到5974.1亿元，增速为6.4%，较上年有较大幅度的回落。

具体数据详见表1-14和表1-15所列。

表 1-14 2018 年全国及中部六省固定资产投资及房地产投资

地区	固定资产投资（不含农户）（亿元）	比上年同期增长（%）	房地产开发投资（亿元）	比上年同期增长（%）
全国	635636	5.9	120264	9.5
山西	6050.4	4.2	1376.6	16.6
安徽	32216.7	11.8	5974.1	6.4
江西	24186.9	11.2	2211.4	9.8
河南	47445.5	8.2	7015.47	−1.4
湖北	35378.6	10.9	4693.8	1.7
湖南	34460.9	10.0	3945.95	15.4

注：固定资产投资（不含农户）为国家统计局反馈数据，不包括铁路等跨区项目投资。

表 1-15 2014—2018 年安徽各产业固定资产投资情况 （亿元）

	投资总额				
	2018 年	2017 年	2016 年	2015 年	2014 年
合计	32216.7	29186.0	26758.1	19637.5	15586.0
第一产业	1031.8	775.8	813.6	613.5	383.8
第二产业	16218.4	13016.4	11742.1	8801.5	6959.7
第三产业	16255.9	15393.8	14202.4	10222.0	8242.9

数据来源：安徽省统计局网站。

二、制造业成为拉动投资增长的重要力量，基础设施投资增速回落

近年来，安徽省紧紧围绕高端制造、智能制造、绿色制造、精品制造、服务型制造“五大制造”方向，大力推动传统制造业转型升级。2018 年，全省制造业投资增长 33.3%，比上年提高 21.8 个百分点，对投资增长的贡献率为 67.8%。一是，传统制造业转型升级加快。如纺织业投资增长 84.9%，家具制造业投资增长 76%，木材加工和木竹藤棕草制品业投资增长 70%，石油煤炭及其他燃料加工业投资增长 65.8%。二是，创新驱动成为制造业投资增速回暖的最大动力。2018 年，全省制造业中技术改造投资增长 36%，增速比全部制造业投资高

2.7 个百分点。

基础设施投资增速继续回落。受防范金融风险、规范地方举债融资等影响，一些基础设施项目贷款受限。受此影响，全省基础设施投资增长 7%，同比回落 17.2 个百分点。基础设施中的三大重点行业：道路运输业投资增长 2.6%，同比回落 16.1 个百分点；公共设施管理业投资增长 10.9%，同比回落 9.4 个百分点；互联网和相关服务投资下降 29%，同比回落 38.6 个百分点。

三、各地级市固定资产投资增速加速调整，区域投资间的差距不断缩小

2018 年，阜阳、亳州、蚌埠等 12 个地级市的固定资产投资增速均高于全省平均水平。上年增速全省第一的阜阳，虽然增速有所放缓，但仍以 22.1% 的增速领先全省其他城市；而亳州、广德则分别以 18.0%、17.5%的增速位列全省第二、三位。宿州的固定资产投资增速则快速增长至 15.5%。蚌埠固定资产投资总额位列皖北第一，基数较大，增速小幅回落 0.8 个百分点，但仍然高于全省平均水平。合肥、淮南、淮北、马鞍山、芜湖和铜陵的固定资产投资增速均低于全省平均水平。其中，淮南增速仅为 2.4%，比上年同期水平回落 4.6 个百分点，远低于全省平均水平。

2018 年，皖江地区整体固定资产投资增速表现相较上年有所回升，但多个地级市仍低于全省平均水平。而皖北地区的整体固定资产增速相较上年有所回落，但相较皖南仍然保持在较高水平，只是个别地级市的投资状况较差，相关问题亟待解决。

具体数据详情见表 1 - 16 所列。

表 1 - 16 2018 年全省固定资产投资情况

地 区	1—12 月累计（亿元）	比上年增长（%）	上年增幅（%）
全 省	32629.9	11.8	11.0
合 肥	6802.3	7.1	5.0
淮 北	1152.9	9.2	10.1

（续表）

地　　区	1—12月累计（亿元）	比上年增长（%）	上年增幅（%）
亳 州	1259.3	18.0	22.0
宿 州	1620.5	15.5	10.8
蚌 埠	2180.4	14.0	14.8
阜 阳	1993.3	22.1	26.3
淮 南	1046.3	2.4	7.0
滁 州	2226.2	15.4	13.5
六 安	1360.8	13.4	11.6
马鞍山	2483.5	10.1	9.3
芜 湖	3666.4	9.7	11.2
宣 城	1816.0	14.9	11.8
广 德	318.1	17.5	18.1
铜 陵	1462.0	9.0	12.1
池 州	801.1	12.1	9.5
安 庆	1949.3	12.6	13.8
宿 松	210.3	12.1	13.0
黄 山	743.9	15.0	8.2

数据来源：安徽省统计局网站。

四、民间投资保持较快增长，民间投资结构不断优化

随着放开市场准入、减税降费、推动产权保护等多项激发民间投资活力政策的逐步落实，各地努力营造良好的市场环境，为民营企业开拓更广阔的发展空间，全省民间投资始终保持较高的增长态势。2018年，全省民间投资同比增长18.5%，占全部投资的比重为63.8%，同比提高3.6个百分点，对全部投资增长的贡献率达到94.2%。民间投资中，制造业投资增长42.9%，提高31.4个百分点；房地产开发投资增长6.4%，回落15.5个百分点。

五、到位资金平稳增长，资金来源结构持续调整

2018 年，全省固定资产投资到位资金 32501.4 亿元，增长 13.2%，较 2017 年同期上升 4.4 个百分点。其中，国家预算内资金 2764.8 亿元，增长 38.4%；国内贷款 2060.0 亿元，下降 3.8%；债券 16.7 亿元，增长 34.5%；利用外资 60.8 亿元，下降 34.6%；自筹资金 20565.6 亿元，增长 6.3%；其他资金 6513.0 亿元，增长 27.2%。到位资金总体呈较快上升趋势。

总体而言，相比上年，国内贷款及外资总体呈回落态势，而其余资金来源皆较快增长，全省融资渠道不断拓宽，资金来源结构持续调整，企业的资金压力得到有效缓解。

具体数据详见表 1－17 所列。

表 1－17　2018 年安徽省固定资产投资资金来源状况

资金来源	累计值（亿元）	增速（%）	上年增速（%）
本年资金来源小计	32501.4	13.2	8.8
国家预算内资金	2764.8	38.4	33.5
国内贷款	2060.0	－3.8	24.3
债　券	16.7	34.5	66.5
利用外资	60.8	－34.6	12.8
自筹资金	20565.6	6.3	4.5
其他资金	6513.0	27.2	12.2

数据来源：安徽省统计局网站。

第三节　安徽经济运行和总体投资发展的政策建议

2018 年，安徽省经济总体发展迅速，且稳中有进。在总体经济方面，各项经济任务基本完成，相关经济指标增长明显，有多项指标增长要好于全国平均水平，但供给侧结构性改革仍需优化，制造业发展

质量仍需提高，居民收入差距仍需缩小，区域发展水平仍需协调。在总体投资方面，固定资产投资增速平稳，投资结构趋向多元化，区域投资间的差距不断缩小，但固定资产投资结构仍需升级，金融投资的风险亟须加强管控，小微企业融资难、融资慢、融资贵的现象需要改善。在经济发展仍处于并将长期处于重要战略机遇期这一特殊的历史背景下，更要善于化危为机、转危为安，紧扣重要战略机遇新内涵，加快经济结构优化升级，提升科技创新能力，深化改革开放，加快绿色发展，变压力为动力，加快推动经济高质量发展的动力。因此，安徽接下来的经济发展更应大胆创新，各项改革措施和经济政策都应以实现经济平稳有序健康发展为前提，更应该努力实现全面现代化和全面建成小康社会的奋斗目标。

一、全面转变经济发展模式，由高速发展转向高质量的发展

全省上下要将思想和行动统一到中央的决策部署上去，努力提高经济发展质量，改善经济发展模式，深化供给侧结构性改革，特别是金融供给侧结构性改革，降低小微企业的融资成本，重点推进创新项目，提高创新能力。具体的措施如下：

一是，努力提高经济发展质量，完成由高速发展向高质量发展的转变。积极淘汰落后、低效、污染经济，努力完成经济的优化升级。积极引进高技术、高创新的项目，为全省完成经济升级打下坚实基础。积极联合高校科研等相关单位，要把科技优势转化为资源优势，为全省提高经济发展质量做出积极贡献。

二是，改善经济发展模式。安徽区域差异明显，因此对于不同的地区要分类别、因城因地实施政策。皖北地区人口资源丰富，应该引入大型的劳动密集型经济，同时应当提高技能培训水平，努力把人口优势转变为人力资源优势。皖中地区及江淮一带具有水运优势，应当积极发展对外的出口型经济，提高产品的质量，增强国内及国际的市场份额和影响。皖南地区多以山地居多，具有丰富的旅游资源，应当以此为契机发展相关服务型行业，提高经济的发展水平。

三是，做好金融供给侧结构性改革，重点防范系统性金融风险。

要着力推动经济去杠杆，把控好银行及非银行等货币信贷主体的闸口，加大政策解读和信息发布的力度，加强与市场主体的沟通，增强政策透明度。同时，减少企业的融资成本，特别是小微企业的融资难、融资慢、融资风险高的问题，需要努力解决。

四是，推进创新项目，提高创新能力。推进创新项目方面，要积极把企业、高校和科研单位结合起来。重点突破疑难项目，把科研课题和企业生产的难题和问题结合起来，不搞假大空的科研，不浪费国家、企业和高校的优质资源。提高创新能力方面，积极保护知识产权利益和权利，坚决杜绝盗版和抄袭，保证科研的严谨性和创新性，提高安徽省的创新能力。

二、促进三次产业协调发展，努力防范金融系统风险

2018 年以来，安徽省的三次产业均有着长足的进步。农业发展均衡，农业生产保持稳定，种植结构不断优化。工业产值发展持续加快，工业产品附加值不断增加，新兴技术经济和高技术产品有了新的突破。服务业发展运行持续向好，旅游业发展稳中向前。但随着供给侧结构性改革的不断升入，安徽省的经济发展依然面临着严峻的挑战，为了实现安徽经济的稳定增长，具体政策建议如下：

一是，对不同行业采取针对性政策措施。对于农业发展要继续加大政策支持力度和落实农业保障措施，实现农业机械化和科技化发展。对于工业发展要落实完善市场经济体制，努力扩大生产要素在不同地区间的流动和流通，努力淘汰落后产能和污染经济。对于高技术经济和高附加值的经济，要积极给予政策上的优惠和财政上的支持，确保市场竞争的效率性和创新性。对于服务类行业，要完善相关法律措施，提高行业的透明度和规范性，保障从业人员的合法权益和相关利益不受到非市场因素的侵害。

二是，努力深化结构性供给侧改革。虽然安徽省三次产业在规模和产量上均有明显的增加和提高，但是在质量上存在很大的改善空间。要努力落实中共中央关于供给侧结构性改革的政策和提高制造业的发展质量，确保完成经济升级和经济发展的基本任务。

三是，积极管控金融市场。确保资金的稳定流通和市场的稳定发展，防范不良债务和地方债务所带来的系统性金融风险。对于不良的融资企业和违法的借贷平台要坚决打击。努力提升金融服务质量，为解决中小微企业存在的融资难、融资慢、融资贵等问题给予相应的政策支持。

三、继续保持外贸良好势头，促进消费市场稳定发展

2018 年，全省进出口总额较快增长，贸易结构明显优化，但对外贸易发展仍面临创新性不足、产品附加值偏低等问题。为了进一步扩大安徽省对外贸易总额，深化外贸供给侧结构性改革，应不断完善相关政策。

一是，继续加强进口工作。对外贸易，不是单纯地大量进口才好，而是要扩大急需的高技术、装备和战略性物资的进口，能够提高附加值，提高生产力水平。因此，应努力争取国家进口贴息的支持，扩大先进技术设备、关键零部件和重要资源性产品的进口。此外，适度增设入境免税店，合理扩大免税品种，积极引导境外消费回流。

二是，进一步提高贸易便利化水平，巩固和提升外贸传统优势。加快推进形成全省一体化通关管理格局，优化出口退税流程，确保及时足额退税。严格落实收费目录清单制度和《港口收费计费办法》，建立打击违规收费工作机制。探索建立安徽省品牌推广中心，努力建成安徽省自主创新品牌，建立一批具备国际一流水平的企业，为安徽省提升外贸水平注入强劲动力。

三是，稳定提升居民收入水平，建立强大的省内消费市场。在当前经济下行压力加大的背景下，投资和出口已经趋向平缓和饱和，为了提升全省经济发展水平，扩大内需、增强居民的消费能力显得十分重要。对此，安徽省应当继续提升居民的收入水平，完善相应的社保措施和法律体系，保证消费者的权益不受侵害，提升消费者的消费信心，为经济增长注入活力和动力。

四、推动资产投资结构升级，促进经济平稳健康发展

2018 年，安徽固定资产投资稳中趋缓，投资总量不断增加，但仍

然需要明确固定资产投资结构与经济增长之间的关系，不断优化省内固定资产投资结构。总体来看，安徽固定资产投资稳中向前，但省内资产的投资结构依然亟待优化，具体措施和建议如下：

一是，继续保持投资水平的较快增长。安徽省目前仍处于一个快速发展的阶段，在这一阶段安徽省既要面对由快速发展转向高质量发展的任务，又要面临技术创新、经济升级等挑战。因此，在此大环境下，投资水平必须保持较快增长才能保障经济的平稳发展，加上安徽省还存在着地区发展不平衡、城乡收入差距明显这些问题，所以保持投资水平的较快增长对于安徽经济发展十分必要。

二是，投资结构应该有适当的转变。在投资总量保持稳定不变的前提下，安徽省的投资结构应该有适当的转变。要减少投资的盲目性和趋同性，避免重复投资和不必要的投资建设，提高投资效率，增加对于高新技术、清洁能源、现代服务业以及小微企业的投资。合理规划投资的方向和领域，在不同的经济区域，投资的侧重点应当不同。解决和避免投资中出现的产能过剩和资源浪费。与此同时，安徽省可以加大投资的力度，在一些竞争性领域更多地鼓励和支持民间投资，提高经济活力。

三是，加强投资资金的监管，防止投资风险。当前经济形势严峻，经济下行压力加大。当前投资的主要风险在于地方政府的融资平台，各地方政府的负债率普遍较高，有许多地方政府的财政已经入不敷出，此外一些融资平台的贷款存在着风险。针对这些现象，安徽省应当加大对金融部门的监管力度，包括金融部门的资金充足率、担保是否规范、资金的流向和使用流程是否合理等。更要加强对于违规资金进入楼市、股市的监管，防止出现更大的投资风险。

五、继续缩小地区投资差距，统筹区域平衡协调发展

近年来安徽省经济发展水平增长显著，但是不同地区的经济发展水平极不均衡，因此如何缩小地区的经济发展水平差异、统筹区域平衡协调发展是安徽省经济发展的重大课题，笔者建议如下：

一是，促进区域间公共服务协调发展。注重缩小区域间基本公共

服务的差距，实现基本公共服务均等化，使不同区域的人民生活水平的差距不断缩小。这不但是应该做到的，而且从安徽省现有的经济实力和财力来看也是可以做到的。

二是，加快区域间生产要素流通和交流。促进人口与生产要素、经济布局在区域上的均衡，可以有效缩小不同区域民众的人均收入水平、享受基本公共服务的差距。要建立以促进基本公共服务均等化为目的的公共财政体系，加大对落后地区的财政转移支付力度，增强地方政府提供公共服务的能力，缩小不同地区在享有公共服务方面的差距，使不同区域民众享有比较均等的就业、住房、医疗、教育、基本公共文化的机会。历史经验证明，缩小区域间、城乡间的收入差距，最为有效的办法就是加快培育更加开放、更有利于自由流动的要素市场，通过劳动力和其他要素的自由流动缩小不同地区的工资差异。

三是，合理引导生产要素的流向。要创造条件引导劳动力向经济相对集中的地区转移，充分发挥这些地区的人口承载力；引导资金、技术等生产要素向经济相对落后的地区流动，增强经济落后地区的经济实力。通过人口和生产要素的合理流动，促进区域协调发展，逐步缩小发展差距。

六、民间投资状况得到改善，资金结构趋向合理稳定

2018 年，安徽省民间投资状况得到明显改善、民间投资总量有所增加，企业投资意愿和能力得到显著提升，这得益于中央简政放权的政策和相关减税政策的落实。民间投资增速的提高有利于稳增长、调结构、促就业等经济社会目标的实现。除此之外，资金的结构更加合理，金融系统性风险进一步降低。因此，进一步深化改革、优化投资环境、充分激发民间有效投资活力，可以进一步提升安徽省的经济发展水平，提高经济发展的质量。具体政策建议如下：

一是，降低企业交易成本，促进民间投资动力。在全国经济下行压力增加的大背景下，安徽省民营企业的生产成本相对偏高，因此为了促进民营企业发展，应该做好为民营企业减负的工作。首先，继续要求省内各级开发园区、经济集聚区减少行政事业的相关收费，同时

提高相关政府机关的行政效率。其次，继续建立健全项目工程保证金制度，减轻企业资金压力，为企业的发展减轻负担。最后，加快建立契约精神，建立新型政商关系，降低民间投资成本。

二是，强化引导政府职能，拓宽民间投资领域。安徽省应积极落实国家支持民间投资政策，扩大基础设施建设和公共事业相关领域的开放力度，努力杜绝排斥、限制或歧视民间资本的行为。应加快构建创新型现代经济体系，以培育壮大经济发展新动能建设为着力点，积极引导民间投资投向信息技术、高端装备制造、新材料、绿色低碳、信息经济等新兴经济领域。

三是，简化企业办事流程，提高行政审批效率。规范的、精简的政务服务和高效的审批效率对于提高民间投资进入市场的速度具有重要意义。安徽省政府应尽快编制全省统一的政务服务事项目录清单和实施清单，严格规范政务服务行为，全面推行“网上受理、网端推送、快递送达”的办理模式，简化审批流程，提高行政审批效率，提高人民的满意度。

第二章 安徽农业投资分析

安徽地处长江下游，有着丰富的资源和良好的生态条件，这都为安徽实现农业产业化打下了坚实基础。党的十九大报告做出了实施乡村振兴战略的重大决策部署，安徽主动适应引领新常态，按照产业兴旺、生态宜居、乡风文明、治理有效、生活富裕的总要求，加快推进农业农村现代化。然而，近年来安徽农业资本投资机制的不合理，致使投资主体权责不明晰、决策不合理、社会资金投资的积极性不高，制约着农业发展。本章对安徽农业发展和安徽农业投资的现状与存在的问题进行研究，并提出相应的对策建议。

第一节 安徽农业发展基本状况分析

本节对安徽农业发展状况现状和农业投资现状进行分析，以期全面认识安徽农业发展和农业投资的真实情况，找出存在的主要问题。

一、安徽农业发展状况分析

从农业总体发展规模和农业发展结构两个方面，对安徽农业发展状况进行探究。

（一）农业规模不断扩大，农业贡献率处于合理区间

近年来，安徽农业发展规模向扩张型不断发展，农林牧渔业增加值逐年稳步增长，农业增加值占地区生产总值的比重不断减小，农业对地区生产总值的贡献率处于合理区间。

从第一产业增加值来看，十年来，全省第一产业增加值不断增加，由 2009 年的 1495.6 亿元增加到 2018 年的 2638.01 亿元，年均增长

4.6%。按可比价格计算，2018 年全省第一产业增加值比上年增长 3.2%，比全国低 0.3 个百分点，比上年下降 0.8 个百分点，第一产业增加值和增速居中部第 4 位。

从农林牧渔业增加值来看，十年来，全省农林牧渔业增加值平稳增长，由 2009 年的 1495.45 亿元增加到 2018 年的 2775.40 亿元，年均增长 4.5%。按可比价格计算，2018 年全省农林牧渔业增加值比上年增长 3.4%，比上年下降 0.8 个百分点，农林牧渔业增加值和增速居中部第 4。农林牧渔业增加值占地区生产总值的比重不断下降，由 14.86%下降到 9.25%，但是农林牧渔业增加值对地区生产总值的贡献率仍然处于合理范围内。这表明安徽农业发展规模符合产业结构调整方向，即降低第一产业比重，大力发展第二、第三产业。

具体数据详见表 2－1 所列。

表 2－1　2009—2018 年安徽农业产值发展状况

年　份	第一产业（亿元）	增长速度（%）	农林牧渔业增加值（亿元）	增长速度（%）	农林牧渔业增加值占 GDP 比重（%）	农林牧渔业增加值的贡献率（%）
2009	1495.6	5	1495.45	3.52	14.86	5.57
2010	1729	4.5	1729.02	4.46	13.99	4.22
2011	2020.3	4	2015.31	3.95	13.17	4.17
2012	2178.7	5.5	2178.73	5.57	12.66	5.88
2013	2348.1	3.5	2348.09	3.41	12.21	4.08
2014	2392.4	4.6	2481.89	4.59	11.90	5.44
2015	2456.7	4.2	2550.29	4.20	11.59	4.09
2016	2567.7	2.7	2693.20	3.40	11.17	4.36
2017	2611.7	4	2749.10	4.20	9.99	4.25
2018	2638.01	3.2	2775.40	3.4	9.25	4.1

数据来源：2018 年《安徽统计公报》和安徽省统计局网站。

（二）农业结构不断优化，农业构成比处于合理范围

近年来，安徽推进农业供给侧结构性改革，在不放松粮食生产的同时，抓好禽畜、果蔬等特色优势产业发展，使结构、产业、产品、

业态不断适应市场消费需求，农业结构不断优化，农业构成比处于合理范围。

2018 年，安徽农产品生产稳定增长，粮食生产再获丰收，棉油生产趋于稳定，畜禽养殖总体平稳，生态渔业稳步发展。从农业来看，全省全年粮食产量为 4007.3 万吨，下降 0.3%；粮食亩产 365 公斤，下降 0.2%，产量居全国第 4 位。从林业来看，全省林业总产值 4044 亿元，同比增长 11.98%。全省共完成造林 143.62 万亩，超计划任务 19.68%。从牧业来看，全年猪牛羊禽肉产量 420.4 万吨，增长 1.6%。全年生猪出栏 2837.4 万头，增长 0.3%；牛奶产量 30.8 万吨，增长 3.2%；禽蛋产量 158.3 万吨，增长 2.3%。从渔业来看，全省稻渔综合种养面积达到 106.7 千公顷，增长 77.8%。全年水产品产量 225 万吨，增长 3.2%，净增“三品一标”农产品 1114 个。

农林牧渔业由农业、林业、牧业、渔业和农林牧渔服务业五个部分构成。十年来，安徽农业构成比均在 50%以上，牧业构成比均在 20%以上，而林业和渔业构成比均低于 15%，农林牧渔服务业构成比低于 5%。2018 年，农业增加值构成比占 51.75%，林业增加值构成比占 7.83%，牧业增加值构成比占 23.9%，渔业增加值构成比占 12.42%，农林牧渔服务业增加值构成比占 4.1%。由此可见，安徽是以农业为主，牧业次之，再次为渔业和林业，农林牧渔服务业最少。

具体数据详见表 2－2 和表 2－3 所列。

表 2－2 2018 年全省主要农产品生产和结构情况

农业结构	产品名称	绝对数	增速（%）
农业	粮食（万吨）	4007.3	－0.3
	蔬菜（万吨）	2118.2	4.9
	水果（万吨）	643.8	6.2
	棉花（万吨）	8.9	2.9
	油料（万吨）	158	2.2
	花生（万吨）	71.1	3.3
	油菜籽（万吨）	84.3	1.4

（续表）

农业结构	产品名称	绝对数	增速（%）
林业	林业总产值（亿元）	4044	11.98
	造林面积（万亩）	143.62	—
牧业	猪牛羊禽肉（万吨）	420.4	1.6
	生猪出栏（万头）	2837.4	0.3
	牛奶（万吨）	30.8	3.2
	禽蛋（万吨）	158.3	2.3
渔业	稻渔综合种养面积（千公顷）	106.7	77.8
	水产品（万吨）	225	3.2
	“三品一标”农产品（个）	1114	—

数据来源：安徽省统计局网站。

表 2-3　2009—2018 年全省农林牧渔业增加值构成　（%）

年　份	农　业	林　业	牧　业	渔　业	农林牧渔服务业
2009	53.74	5.21	26.51	11.17	3.37
2010	55.09	5.45	24.88	11.24	3.34
2011	52.48	6.29	26.62	11.32	3.29
2012	52.86	6.7	25.44	11.63	3.36
2013	52.61	6.91	24.7	12.33	3.45
2014	52.66	7.95	23.58	12.21	3.61
2015	52.28	7.86	23.92	12.27	3.67
2016	50.55	7.47	24.78	12.55	4.66
2017	51.71	8.02	22.7	12.57	5
2018	51.75	7.83	23.9	12.42	4.1

数据来源：安徽省统计局网站。

（三）农产品出口大幅度提升，区域农产品出口差异大

安徽各地农产品出口大幅度提升，但地区农产品出口差异大。2018 年全省农产品共计出口 13.04 亿美元，同比增长 9.7%（表 2-4）。农产品出口超 500 万美元的企业有 74 家，出口超 1000 万美元的企业有 29 家。其中，20 家重点出口企业累计出口额达到 5.65 亿美元，占全省农产品出口总额的比重超过四成，农产品龙头企业的带动

作用不断增强。

表 2-4 2018 年安徽省主要农产品出口情况

产品名称	农产品	羽绒羽毛	小龙虾	草织柳编	面 筋	芝 麻	蜂 蜜	茶 叶	中药材
出口总额（万美元）	130386	15326	5914	11974	8339	4622	6972	24661	12668
增速（%）	9.7	41.2	114.9	27.3	22.5	25.3	14.6	4.8	−2.9

数据来源：安徽省商务局。

从地区看，各地级市农产品出口不平衡现象比较突出。合肥 2.3 亿美元，增长 3.6%；黄山 2.1 亿美元，增长 5.5%；亳州 1.6 亿美元，下降 13.4%；宿州 1.5 亿美元，增长 44.1%。4 市合计农产品出口 7.62 亿美元，占全省农产品出口 58.4%。宣城 9582 万美元，增长 218.1%；六安 7911 万美元，下降 2.4%；芜湖 6958 万美元，增长 1.3%；阜阳 6261 万美元，下降 5.5%；安庆 4762 万美元，增长 83.0%；滁州 4368 万美元，增长 67.5%；池州 1513 万美元，增长 14.0%。

二、安徽现代农业发展状况分析

本节主要从农业机械化水平、农田水利基础设施、农业生态等方面对安徽现代农业发展状况进行分析。

（一）农业机械化水平明显提高，有效灌溉面积增加

近年来，安徽省农业机械总量不断增长，机械装备结构优化，机械技术瓶颈环节有所突破，农业机械化作业水平稳步增长。2018 年末全省农业机械总动力 6542.7 万千瓦，比上年增长 3.6%。农用拖拉机 231.1 万台，减少 0.9%。全年化肥施用量（折纯）311.1 万吨，下降 2.4%。农村用电量 180.8 亿千瓦时，增长 5.5%。有效灌溉面积 4543.4 千公顷，新增 40.7 千公顷；新增节水灌溉面积 54.8 千公顷。

（二）农田水利设施不断完善，水利工程体制不断深化

近年来，安徽加快补齐水利工程短板，农田水利设施不断完善，深化小型水利工程管理体制改革。

2018 年，安徽启动实施农田水利“最后一公里”建设，完成年度投资 87.1 亿元。加快实施 3 个大型灌区和 15 个重点中型灌区续建配

套和节水改造，联合省有关部门印发实施《安徽省推进高效节水灌溉发展2018年度建设方案》，超额完成年度建设任务，使现有小型水利工程的除涝灌溉能力得到有效发挥。安徽不断加大对农田水利建设的投资力度，农田水利设施不断完善。实施小型水利工程改造提升"5588"行动计划，即用5年时间，通过5项改革措施，在全省范围内以"8小水利工程"为重点，推进小型水利设施改造提升。

在进行农田水利建设的同时，安徽也在深化小型水利工程管理体制改革，全省共新颁发所有权证和使用权证16.2万份，管护责任书7.4万份，新成立各类管理组织2400个。完成蒙城等6个县农田水利设施产权制度改革和创新运行管理机制试点验收。

（三）农业生态环境得到大幅度改善，积极培育农产品品牌

近年来，安徽着力加强农业面源污染防治，启动实施了畜禽粪污治理、果菜茶有机肥替代化肥、秸秆综合利用、农业废弃物回收、水生生物保护等农业绿色发展五大行动，农业面源污染加重的趋势得到缓解。全省化肥使用量、农药施用量连续3年负增长。2018年肥料利用率、农药利用率分别达37.6%和39.6%，农作物秸秆综合利用率达87.3%。在生产过程管控方面，安徽狠抓质量安全监管。在全省范围内连续11年开展农药管理及使用、瘦肉精、水产品和农资打假等专项行动，年出动执法人员10万人次。在全国率先建立农产品质量安全"红榜"和"黑名单"制度。近年来，安徽蔬菜、畜禽产品、水产品省级例行监测合格率均在99%以上。此外，安徽积极培育农产品品牌，推进农业标准化生产，"三品一标"农产品从无到有，总数达5376个。以市场为导向，安徽打造"皖"字号农产品品牌，农业类有效注册商标达12万件，其中驰名商标106件。

第二节　安徽农业投资基本状况分析

本节从农业投资总体情况、不同地级市农业投资现状、中部六省农业投资情况对比等方面分析安徽农业投资基本状况。

一、安徽农业投资总体情况分析

近年来，安徽农业投资波动大，投资比重有所下降，但仍处于合理范围。其中，农业水利设施投资加大，休闲农业投资成为新的投资方向。由于经济发展和软环境差异，安徽各地级市的农业投资出现差异。

（一）农业投资波动加大，投资比重下降

近年来，安徽省农业固定投资总额波动较大。全省农业固定投资总额由 2015 年的 763.32 亿元增加至 2016 年的 813.62 亿元，2017 年农业固定投资总额相比 2016 年减少 37.83 亿元，2018 年农业固定投资总额为 802.72 亿元，相比 2017 年增加 26.93 亿元。农业固定投资总额占固定资产投资总额的比重呈现逐年下降的态势。2015 年，全省农业固定投资总额占固定资产投资总额的比重为 3.185%；2016 年为 3.04%，比上年下降了 0.145 个百分点；2017 年比上年下降 0.384 个百分点；2018 年为 2.46%，比上年下降 0.196 个百分点。究其原因，农产品价格有周期性、区域性和季节性的特点，农业投资具有很大的不确定性，而且还受政策调控的影响，产业结构政策调控方向为第一产业占比降低，第二、第三产业占比提高，所以，近年来安徽农业投资波动加大，农业投资占固定资产投资总额的比重出现下降趋势。

具体数据详见表 2－5 所列。

表 2－5　2015—2018 年安徽省农业固定资产投资总额和所占比重

年份	2015	2016	2017	2018
固定资产投资总额（亿元）	23965.55	26758.11	29185.96	32629.9
农业投资（亿元）	763.32	813.62	775.79	802.72
比重（%）	3.185	3.04	2.656	2.46

数据来源：安徽省统计局网站。

（二）农业水利设施投资加大，地方政府补助力度大

农业水利设施是水利设施的重要组成部分，是农业发展的基础。

近年来，安徽农业水利设施投资力度不断加大。2018 年，安徽省农业水利完成建设投资 24.18 亿元，是年度计划的 2.53 倍，比上年增长 11.42％。围绕提升贫困地区“双基”水平，扎实推进水利扶贫项目建设，完成年度投资 146 亿元，其中 31 个贫困县完成投资 96.4 亿元。

近年来，安徽农业水利设施投资的地方政府补贴力度不断加大。2018 年，安徽农田水利“最后一公里”建设省级补助资金 4.54 亿元，省级以上农田水利建设补助资金 1.47 亿元，小型病险水库除险加固省级以上资金 8655 万元，淠史杭、驷马山等大型灌区续建配套与节水改造工程投资 1.65 亿元，颍上闸、城东湖闸等 4 座病险水闸除险加固 4544 万元，淮河居民迁建 6766 万元，下浒山水库建设省级以上资金 5105 万元，主要支流治理和中小河流治理省级以上投资 9 亿元，农村水电增效扩容工程省级以上投资 532 万元，水土保持工程投资 5268 万元。

（三）休闲农业投资潜力大，政府不断加大政策扶持的力度

休闲农业是利用农业景观资源和农业生产条件，发展观光、休闲、旅游的一种新型农业生产经营形态。

近年来，休闲农业成为安徽农业的新投资方向。2017 年安徽农交会上落实签约项目 114 个，总投资额 470.9 亿元。其中，农产品加工项目 38 个，投资额 103.8 亿元，休闲农业共有 36 个项目，投资额 175.77 亿元。“互联网＋”、农产品电子商务、一二三产业融合等项目 16 个，投资额 61 亿元。2018 年，农交会共落实签约项目 118 个，总投资额达 638.44 亿元。其中，56 个休闲农业项目进行了现场集中签约，包括安徽省级休闲农业 22 个。

安徽各地方政府出台了对休闲农业的支持政策，包括土地政策优惠、资金补贴红利、基础配套设施、技术支持等多种形式，补贴支持的力度大。2018 年，安徽农业综合开发园艺类生产示范基地项目，扶持资金约为 200 万元；林业局的农业综合开发名优经济林示范项目，扶持资金为 150 万元～300 万元；农业部主管的园艺作物标准化创建项目，扶持资金为 50 万元～100 万元，农业局的水果蔬菜标准园创建项目，扶持资金为 25 万元～100 万元；农业局的高产创建项目，扶持

资金为 50 万元～100 万元。

二、安徽不同地级市农业投资现状分析

由于经济水平和政策的差异，安徽省各地级市的农业发展会有所差异，加上农业投资具有很大的不确定性，各地区的农业投资差异大。

从地区来看，安徽省 16 个地级市的农业投资差异较大。2018 年，芜湖农业投资占投资总额的 14.32%，安庆市农业投资占投资总额的 11.32%，合肥、淮南、滁州、马鞍山和宿州的农业投资比重分别为 8.29%、9.3%、6.03%、6.78%和 5.31%，其他各地级市的农业投资比重均低于 5%。

安徽省皖北现阶段仍以传统的粗放型农业为主，工业基础相对薄弱，第二、第三产业不发达，农民收入主要来源于粮食种植，所以农业投资所占比重相对较高。而皖江示范区、合芜蚌试验区等农业基础条件相对较好，水资源充裕，抗旱、排涝的设施条件好，交通设施发达，非农产业比重高，农副产品加工业发展较快，所以更加注重第二、第三产业的投资，农业投资比重相对有所降低，进而实现第一产业向第二、第三产业转型，推进产业结构升级。

具体数据详见表 2－6 所列。

表 2－6　2018 年安徽各地区农业投资比重

地区	合肥	淮北	亳州	宿州	蚌埠	阜阳	淮南	滁州	六安	马鞍山	芜湖	宣城	铜陵	池州	安庆	黄山
农业投资比重（%）	8.29	4.16	3.26	5.31	4.52	4.9	9.3	6.03	4.71	6.78	14.32	4.49	4.51	3.58	11.32	4.52

数据来源：安徽省统计局网站。

第三节　安徽农业投资效率评价分析

农业投资效率是指以最少的农业投入，换取最大的经济价值。下面采用数据包络分析法（DEA）度量农业投资效率，该方法不但可以

测度有多种投入与多种产出情况下投资效率，而且可以计算环境变量、随机因素对于投资的经济效率的影响。

一、农业投资效率评价方法的选择

对农业投资效率的评价方法有很多，在这里只介绍最具代表性的两种：评价指标体系分析法和投入产出分析法。

（一）评价指标体系法

构建出一整套评价体系，量化考察指标进而分析农业投资效率，这是评价指标体系分析法的主要步骤。评价指标体系分析法分为测分评价法和指标比较法。下面以评估安徽省农业投资效率为例，介绍测分评价法的步骤。首先，根据相关专家的意见，制定农业投资效率评价体系的各指标的评分标准，确定各个指标的分值区间以及最终的分数的处理办法。其次，参照所制定的评价标准，利用采集的农业投资的相关数据和资料进行打分。再次，将各项分数进行加总综合处理，并得出总分数。最后，再根据总分数来评价农业投资效率。

（二）投入产出分析法

所谓投入产出原理是指在一定程度上模拟特定范围内的各企业、经济生产各部门在特定时间内实际生产的物质及其价值联系与平衡关系，从总体上把握经济在整个系统内的发展规律，进而安排投入、产出任务，实现创造出更多的最终产品的终极目标。运用投入产出分析法对农业投资效率进行研究正是基于这种原理，利用相关的农业统计数据对农业投资效率进行分析。采用投入产出分析法的优势在于能够从大局上掌握农业生产的一般规律，在考察单项投入自身对系统影响的同时还可以研究总体对单个生产的影响。相比评价指标体系分析法，投入产出分析法更加客观，其原理便于理解，结果也更为直观。所以本报告将运用投入产出法来度量农业投资效率。

二、农业投资效率评价指标及数据处理

将农业的总产值看作农业经济产出，农林牧渔业固定资产投资额看作资本投入，农业用地量、农业化肥施用量和农用机械动力、农业

用电量和农业用水量看作是资源投入，年末从事农林牧渔业的人员占从业人员的比重看作劳动力的投入。采用安徽省 2018 年 16 个地级市的农业总产值、农林牧渔业固定资产投资额等相关数据进行实证研究。

将 2017 年作为基期，计算出各变量的相对数值。直接将产出和投入的商作为研究对象会存在变量之间的关系无法在这种方法中体现出来，因此，后来就出现了各种改进的办法。该数据处理方法既可以考察因变量与各自变量之间的关系，还可以考察变量之间的相互联系。由于各变量的相对值还存在负值，所以再对数据进行无量纲化处理，消除单位不同而引起的研究结果的偏差。样本数据均源自安徽省统计局。

农业投资效率评价指标体系详见表 2－7 所列，2018 年安徽各地级市农业投入-产出原始数据详见表 2－8 所列。

表 2－7　农业投资效率评价指标体系

	指标类型	一级指标	二级指标
农业投资效率评价指标体系	投入指标	资本投入	农林牧渔业固定资产投资额
		资源投入	农业用地量
			农业化肥施用量
			农业机械总动力
			农业用电量
			农业用水量
		劳动投入	农林牧渔业从业人员占总从业人员的比重
	产出指标	农业经济价值	农业总产值

表 2－8　2018 年安徽各地级市农业投入－产出原始数据

地　区	资本投入	资源投入						劳动投入	产　出
	农林牧渔业固定资产投资（万元）	农用地（千公顷）	农业机械总动力（万千瓦）	用水量（亿立方米）	化肥施用量（吨）	农村用电量（万千瓦时）	农药使用量（吨）	农林牧渔业人口占在业人口比重（%）	农业总产值（万元）
合肥市	643257	5.57	470.5	21.16	257746	167328	4433	18.96	4859141
淮北市	322916	2.75	262.13	2.02	106405	34817	2609	37.92	1105755

（续表）

地区	资本投入	资源投入						劳动投入	产出
	农林牧渔业固定资产投资（万元）	农用地（千公顷）	农业机械总动力（万千瓦）	用水量（亿立方米）	化肥施用量（吨）	农村用电量（万千瓦时）	农药使用量（吨）	农林牧渔业人口占在业人口比重（%）	农业总产值（万元）
亳州市	253348	4.12	758.02	6.56	294410	112947	7457	46.67	3995678
宿州市	412051	73.37	739.67	5.88	316701	123877	21664	63.52	5020417
蚌埠市	350766	1.21	559.76	10.91	305153	103136	6008	35.47	3471651
阜阳市	380368	0.76	624.93	11.13	357242	183453	6770	42.53	6214765
淮南市	726760	2.30	446.65	14.15	283845	134627	12035	43.03	2089926
滁州市	467993	5.84	690.54	17.86	352863	108568	5556	33.48	3966247
六安市	365527	46.05	563.62	18.83	182018	115959	5174	35.48	3670605
马鞍山市	526108	1.14	144.63	10.02	78453	61044	3536	21.46	1537961
芜湖市	1111422	3.62	211.39	11.74	178600	150499	2364	22.4	2547359
宣城市	348523	68.72	229.81	11.44	122989	136780	3536	34.8	2440457
铜陵市	349567	0.74	86.86	4.05	55522	67803	1735	26.87	829777
池州市	277764	18.44	127.96	5.02	59664	39658	4968	30.28	1307172
安庆市	871663	32.02	315.58	15.04	199619	145615	8576	28.65	3660360
黄山市	349871	80.54	80.81	3.10	36007	27026	2973	36.5	992008

数据来源：安徽省统计局网站。

三、农业投资效率评价模型设定

数据包络分析（DEA）是根据一组关于输入-输出的观察值来估计有效生产前沿面的。下面采用DEA来测算2018年安徽省农业投资效率，并对其投资效率进行评价与分析。DEA模型如下：

$$\min = \{\theta\} \tag{2-1}$$

$$s.t. \sum \lambda_j = 1, \quad X_j\lambda_j \leqslant \theta X_{j0} \tag{2-2}$$

$$\sum \lambda_j = 1, \quad Y_j\lambda_j \geqslant Y_{j0} \tag{2-3}$$

对该模型引入松弛变量 S^{+} 和 S^{-}，则式(2－2) 和式(2－3) 变为：

$$s.t. \sum \lambda_j = 1, \quad X_j \lambda_j + S^{-} = \theta X_{j0} \tag{2-4}$$

$$\sum \lambda_j = 1, \quad Y_j \lambda_j - S^{+} = Y_{j0} \tag{2-5}$$

$$\lambda_j \geqslant 0, S^{+} \geqslant 0, S^{-} \geqslant 0, \theta \text{自由}$$

其中，X_{j0} 表示 j_0 个 DMU 输出向量，θ 表示投入缩小比率，λ 表示决策单元线性组合的系数，带 $*$ 表示最优解。

若 $\theta^{*}=1$，$S^{-*}=0=S^{+*}=0$，则称 j_0 单元为 DEA 有效；

若 $\theta^{*}=1$，S^{-*}，S^{+*} 存在非零值，则称 j_0 单元为 DEA 弱有效；

若 $\theta^{*}\leqslant 1$，则称 j_0 单元为 DEA 无效。

四、农业投资效率评价结果及分析

运用 DEAP 2.1 软件，采用以投入为导向的 BCC 模型，将 2018 年安徽 16 个城市的投入和产出指标的相关数据带入求解，得到各地级市的技术效率、纯技术效率、规模效率以及规模报酬水平。其中，技术效率反映农业投资效率水平，纯技术效率反映在规模报酬可变条件下的农业投资效率水平，规模效率反映农业投资规模水平，规模报酬反映规模水平变化导致的农业投资效率变化情况。

2018 年安徽省 16 个地级市农业投资效率评价结果见表 2－9 所列。

表 2－9 2018 年安徽省 16 个地级市农业投资效率评价结果

地　　区	技术效率	纯技术效率	规模效率	规模报酬
合肥市	1.00	1.00	1.00	不变
淮北市	0.71	0.88	0.81	递增
亳州市	1.00	1.00	1.00	不变
宿州市	1.00	1.00	1.00	不变
蚌埠市	1.00	1.00	1.00	递增
阜阳市	0.80	1.00	0.80	递增

（续表）

地　　区	技术效率	纯技术效率	规模效率	规模报酬
淮南市	0.83	1.00	0.83	递增
滁州市	1.00	1.00	1.00	不变
六安市	1.00	1.00	1.00	不变
马鞍山市	1.00	1.00	1.00	不变
芜湖市	0.91	1.00	0.91	不变
宣城市	1.00	1.00	1.00	不变
铜陵市	1.00	1.00	1.00	递增
池州市	0.85	0.884	0.96	递增
安庆市	1.00	1.00	1.00	不变
黄山市	1.00	1.00	1.00	不变
均值	0.945	0.98	0.958	—

注：技术效率值等于纯技术效率和规模效率的乘积。

由表 2－10 可知，2018 年安徽 16 个地级市的技术效率平均值为 0.945，纯技术效率平均值为 0.98，规模效率平均值为 0.958。其中，10 个地级市处于规模报酬不变阶段，说明 10 个城市都是最优配置；其余 6 个市均处于规模报酬递增阶段，即这些地级市适当增加农业投资规模就可以提高农业投资效率，农业还具有很大的发展空间。对于处于农业投资最优阶段的地级市，应当保持相应的农业投资比例，维持最优的农业投资效率。对于处于农业投资规模报酬递增阶段的地级市，应当再加大农业投资，扩大投资规模，以提升农业投资效率。

总的来看，2018 年安徽的农业投资效率整体水平中等，呈现良好的发展趋势。从技术效率，即总体效率来看，在所分析的 16 个地级市中，总体效率为 1 的城市有 11 个，占到所有评价地级市中的一半以上；从纯技术效率来看，安徽 16 个地级市中有 14 个地级市优于平均水平；从规模效率来看，淮北、阜阳、淮南、芜湖和池州均没有达到完全规模有效。

第四节 安徽农业投资存在的问题与对策建议

由以上分析可知，近年来安徽省农业投资额不断增加、农业投资结构不断优化，但农业投资仍然存在诸多问题。本节分析安徽农业投资存在的主要问题，并给出对策建议。

一、农业投资存在的主要问题

（一）农业投资波动大，投资管理不到位

近年来，安徽省农业投资逐渐增加，但农业投资力度依然不够，波动性较大，且农业投资占总投资的比重呈现逐年下降趋势。由于建设性财政拨款、专项财政扶贫基金和财政部直接安排农村生产的小型公益基金等农业投资渠道多，投资管理部门也相应比较多，从而造成了需要多头审批和相互不协调的情况，导致资金分散、资源流失，难以形成合力，而且在使用方向和项目安排等方面也存在重复建设和遗漏等问题。在资金管理方面，政府对农业专向扶持资金的管理不到位，法定预算常常会因为某些人为因素而未经法定程序进行调整、变更，导致资金不能按时足额到位，影响了财政专项资金补贴发挥作用。

（二）各地区的农业投资差异大，农业投资流动性不足

安徽各地级市经济发展水平不同，农业投资存在较大差异。经济发展水平越高的地级市，产业结构越趋于合理化，农业投资占总投资的比重越大；经济发展水平越低的地级市，投资水平越低，农业投资占总投资的比重也越小。资源在区域内和区域间的自由流动，会使得资源的配置得到优化，但是安徽各地方政府出台政策优惠，尽可能地创造条件留住资本以及吸引外部投资，使得自然资源和资本的自由流动受阻，也导致各地区的农业投资差异大。

（三）农业投资效率仍有待提高，人力资本水平不高

安徽农业投资效率整体水平中等，具有良好的发展趋势，但依然有投资效率非规模有效的现象存在，农业投资还有待提高，投资规模

尚未达到最优。现阶段，安徽农村中老年劳动力较多，大量青壮年转向城市第二、第三产业。而农业从业人员素质更加低下，市场意识淡薄，掌握新技术、应用新设备的能力不足，尤其是缺乏生产优质农产品所需的知识、技术。安徽农村人力资本水平不高，农业推广的进程十分艰难、缓慢。

二、优化农业投资的政策建议

（一）充分认识投资农业的意义，完善相关支持政策

进一步转变投资农业的观念，充分认识投资农业的意义。一是，充分认识农业的基础性地位，树立市场化驱动的思想，要围绕“以市场为背景、以产业为支撑、发挥企业带动作用、优化农产业链条”的发展思路，将农业发展全面推向市场，通过优化整合各种生产要素，实现农业产业现代化。二是，为保持社会各方投资农业的热情，尽可能防范和减少风险危害，应完善相关配套政策。三是，扩大专项建设基金支持农业的范围和比重，恢复对农业专项建设基金项目的贴息政策，并适当提高贴息比例，减缓农业经营主体的承贷压力，有效破解贷款贵的问题。

（二）稳定扩大政府投入，完善农业投资保障机制

地方政府应增加农业投资项目总数，加大农业项目投资计划总额，狠抓农业基础设施新项目开工，稳定扩大政府投入。鉴于农业的基础性、弱质性的特点，政府必须对农业实行较高程度的保护。政府要出台鼓励农业生产的政策，并制定相关法律，以法律形式明确规定农业年度投资额度、资金来源、投入方式等，确保政府农业投入只增不减。为了有效地发挥政府调控信贷资金和集体、个人资金的作用，政府要建立农业投资的利益补偿机制和动力激励机制，通过一系列财政贴息、项目配套和农业科研投入等方式，引导农户对农业基础设施和先进农业设备的投入，为各类资金进入农业领域创造良好的条件。

（三）加大对设施农业的扶持力度，积极推动设施农业的规模化

安徽省要采取有力措施，积极推动设施农业的规模化。一是，要加大对设施农业的扶持力度。对冬暖棚或者连栋温室的集中连片建设，

重点小区的水、电、路等基础设施配套建设，农户新上高标准灌溉设施，工厂化育苗设施，储运设施，蔬菜垃圾集中处理设施等，根据项目的不同给予不同比例的补贴。二是，鼓励金融机构以农民土地承包经营权为抵押，向农户或合作社发放大额贷款，并针对农民在从事设施农业中可能遭遇的各种风险开展保险业务。三是，鼓励农村合作金融的发展，完善征信系统，更好地服务“三农”。

（四）提高农业 PPP 项目投融资效率，完善风险防控和分担机制

安徽省应着力提高农业 PPP 项目投融资效率，鼓励金融机构通过债权、股权、资产支持计划等多种方式，支持农业 PPP 项目，如基础设施类 PPP 项目、农户参与的准经营性 PPP 项目和金融市场化的 PPP 项目。重点支持高标准农田、种子工程、现代渔港、农产品质量安全检测及追溯体系、动植物保护等农业基础设施建设和公共服务。同时，要完善风险防控和分担机制，建立分工明确的风险防控机制，政府负责防范和化解政策风险，项目公司或社会资本方承担工程建设成本、质量、进度等风险，自然灾害等不可抗力风险由政府和社会资本共同承担。

第三章　安徽工业投资分析

加大投资力度，加快企业技术升级改造，是增强安徽工业发展后劲、实现“制造强省”的重要举措。一直以来，安徽省按照中央和省委省政府的决策部署，积极构建工业投资和技术改造扶持政策体系，鼓励企业加大工业投资和技术改造的力度，相继实施了《2018 年支持制造强省建设若干政策实施细则》《工业企业技术改造升级投资指南》等一系列政策举措，有力促进了工业体系的成长，为实现安徽工业高质量发展提供强大支撑。为进一步提升安徽工业投资水平和投资效率，本章在分析安徽工业经济运行总体情况和工业投资基本情况的基础上，对安徽工业投资效率和存在的问题进行了详细分析，并对安徽未来工业投资的重点方向进行了基本判断。

第一节　安徽工业经济运行总体情况分析

2018 年，面对国内外经济环境出现的新变化、新挑战，安徽工业战线坚持以习近平新时代中国特色社会主义思想为指导，认真贯彻落实中央和安徽省委省政府各项决策部署，坚持稳中求进的工作总基调，按照高质量发展要求，持续深化供给侧结构性改革，大力推进制造强省战略，努力发展数字经济，聚力繁荣民营经济，全省工业经济呈现“稳中有进、质效双升”的良好态势。

一、工业运行稳中向好

2018 年，安徽坚持稳中求进的工作总基调，继续深化供给侧结构性改革，落实高质量发展要求，加速制造强省建设，工业总量持续扩大。

从规模以上工业增加值来看，2018 年，全省规模以上工业增加值与上年同期相比增长 9.3%，增速相比 2017 年提高 0.3 个百分点，高于全国 3.1 个百分点，增速居全国第 4 位、中部第 1 位，连续 12 年处于全国第一方阵。全省工业对全省经济增长的贡献率达 48.9%，同比提高 6.3 个百分点，上拉 GDP 增速 0.3 个百分点。

具体数据详见表 3-1 所列，如图 3-1 所示。

表 3-1 2005—2018 年安徽规模以上工业增加值与增速 （亿元，%）

年　份	规模以上工业增加值	增　速
2005	1483.76	8.03
2006	1885.64	27.09
2007	2562.70	35.91
2008	3259.71	27.20
2009	3980.55	22.11
2010	5290.62	32.91
2011	6776.02	28.08
2012	7614.11	12.37
2013	8646.00	13.55
2014	9302.81	7.60
2015	9817.10	8.60
2016	10081.20	8.80
2017	10988.51	9.00
2018	12010.44	9.30

数据来源：安徽省统计局网站。

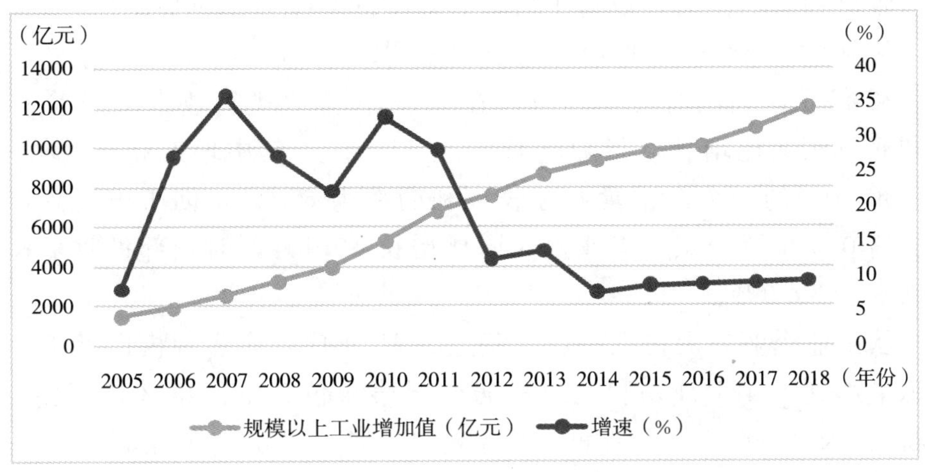

图 3－1　2005—2018 年安徽规模以上工业增加值与增速

二、新旧动能平稳接续

2018 年全省上下深入贯彻落实新发展理念，深化改革创新，通过改造传统产业、培育新兴产业、淘汰落后产业等措施，着力构建产业新体系，经济发展新动能日趋强劲。

2018 年，全省高新技术产业增加值增长 13.9%，高于全部工业 4.6 个百分点。高技术产业增加值增长 22.6%，高于全省规模以上工业 13.3 个百分点。战略性新兴产业产值增长 16.1%，高于全省规模以上工业 4 个百分点，占规模以上工业比重达 29.5%，24 个战略性新兴产业集聚发展基地工业总产值增长 16.6%。电子信息工业增长 28.8%，为 2015 年以来的最高水平，对全省工业增长的贡献率达到 19.5%，居 40 个工业大类行业之首。新兴工业产品产量快速增长。小米手环累计出货量突破 5000 万台，居全球首位；工业机器人、新能源汽车产量分别增长 37.5%和 1.3 倍。民营工业增加值增长 10.4%，对全省工业增长的贡献率达到 74.2%。

三、质量效益稳步提升

2018 年，安徽着力降低工业企业生产成本，提高企业生产效率、运营效率和盈利能力，取得了质量和效益同步提升的良好结果。

从利润总额增速来看，全省规模以上工业企业实现利润总额2448.2亿元，同比增长27.8%。在39个工业大类行业中，34个行业的利润总额同比增长，行业增长面达87.2%，其中增速超20%的30个、超50%的5个。主营业务收入利润率为6.2%，创历史新高，同比提高0.9个百分点。工业税收同比增长10.1%，对全部税收增长的贡献率达30.9%。

从工业企业发展情况来看，截至2018年底，全省规模以上工业企业总量达到19421户，利润总额居全国第4位、中部第2位，创近7年新高，其中国有企业利润总额下降4.7%，股份制企业利润总额增长32.9%，外商及港澳台商投资企业利润总额增长2.6%，中小企业利润总额增长34.4%，民营企业利润总额增长28.8%。

四、供给侧改革成效突出

2018年，安徽立足于工业领域实际，实施制造业升级“五大工程”，不断推进和深化工业供给侧结构性改革，在去产能、降成本、补短板等领域取得较好成绩。

安徽全年退出生铁产能100万吨、粗钢产能128万吨，退出煤炭产能690万吨，全面完成年度目标任务。出台“降成本新20条”，全年累计降低企业成本1303亿元；规模以上工业每百元主营业务收入中，主营业务成本85.6元，同比下降0.6元，较“十二五”末下降2.5元。

第二节 安徽工业投资基本情况分析

当前，我国经济发展新常态特征更加明显，长期积累的矛盾和风险进一步显现，经济增速换挡、结构调整阵痛、新旧动能转换相互交织。面对如此错综复杂的发展环境，安徽围绕“发展目标、改革方向、高端引领”的思路，大力推进稳增长、强供给、调结构、增效益、去产能、增活力、转方式、促融合“八大行动”，着力推动建设项目提质提效，加快推进一批影响全局的重大工业项目建设，保持了工业投资平稳增长的良好势头，为全省工业经济持续健康发展提供了强劲支撑。

一、工业投资额度快速增长

2018 年，安徽强化投资引导、突出项目支撑，推进制造强省、鼓励民营经济等政策措施综合发力，工业投资额实现快速增长。工业投资额从 2005 年的 916.79 亿元增长到 2018 年的 16153.49 亿元，年均同比增长 24.8％，增长速度快于同期全国工业投资额增长速度。2013 年以来，安徽工业投资额增速一直高于全国工业投资额增速，2013 年安徽和全国工业投资额增速分别为 18.6％和 17.78％，2014 年为 13.23％和 12.45％，2015 年为 14.10％和 8.00％，2016 年为 9.6％和 3.61％，2017 年为 12.70％和 2.07％。2013—2017 年，安徽省工业投资额增速和全国工业投资额增速的差距越来越大，且 2013—2017 年安徽省工业投资额增速整体呈上升趋势，全国工业投资额增速呈下降趋势。2018 年，全国工业投资额增速有所回升，但是安徽省工业投资额增速迅猛增长，增速高于全国 13.3 个百分点。

自从经济发展进入新常态后，安徽经济进入中高速增长阶段，随着“制造强省”的深入推进，技术改造投资和制造业投资加快发力，安徽工业投资逆势增长，2017 年安徽工业投资增速较前一年提高 3.10 个百分点，2018 年安徽工业投资增速较前一年提高 12.10 个百分点，增幅创 2005 年来的最高水平。

具体数据详见表 3－2 所列，如图 3－2、图 3－3 和图 3－4 所示。

表 3－2　2005—2018 年安徽和全国工业投资额和增长率　　（亿元，％）

年　　份	安徽工业投资额	增长率	全国工业投资额	增长率
2005	916.79	46.11	37283.74	35.79
2006	1397.03	48.04	46890.21	25.55
2007	2149.21	53.17	59388.38	26.39

（续表）

年　份	安徽工业投资额	增长率	全国工业投资额	增长率
2008	2792.94	29.97	74761.38	25.99
2009	3656.21	33.11	93406.39	25.00
2010	5012.15	41.04	114437.17	22.32
2011	5714.22	10.60	128264.76	11.99
2012	6898.92	19.20	153592.48	19.67
2013	8134.80	18.6	181026.11	17.78
2014	9265.16	13.23	204515.00	12.45
2015	10568.76	14.10	219957.00	8.00
2016	11588.10	9.60	227892.00	3.61
2017	12943.50	12.70	232618.76	2.07
2018	16153.49	24.80	247738.98	6.50

数据来源：安徽省统计局网站和国家统计局网站。

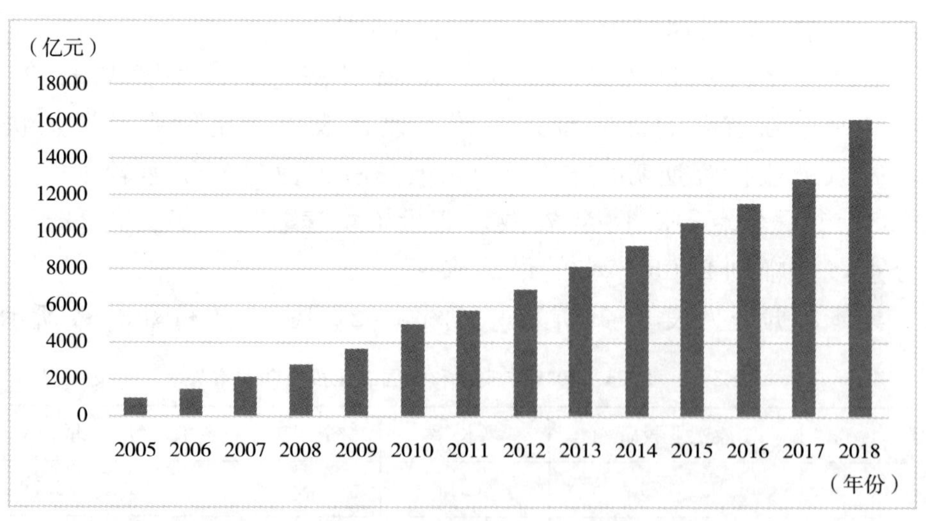

图 3-2　2005—2018 年安徽工业投资额

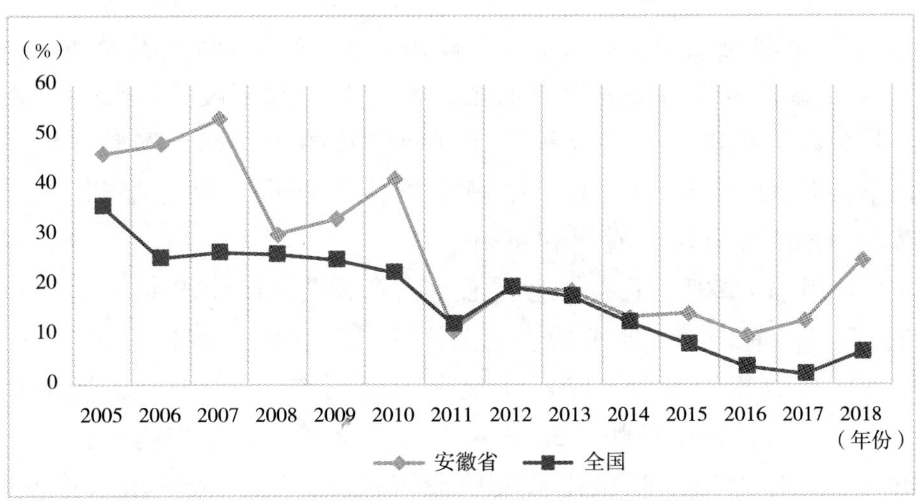

图 3-3　2005—2018 年全国和安徽工业投资增长率

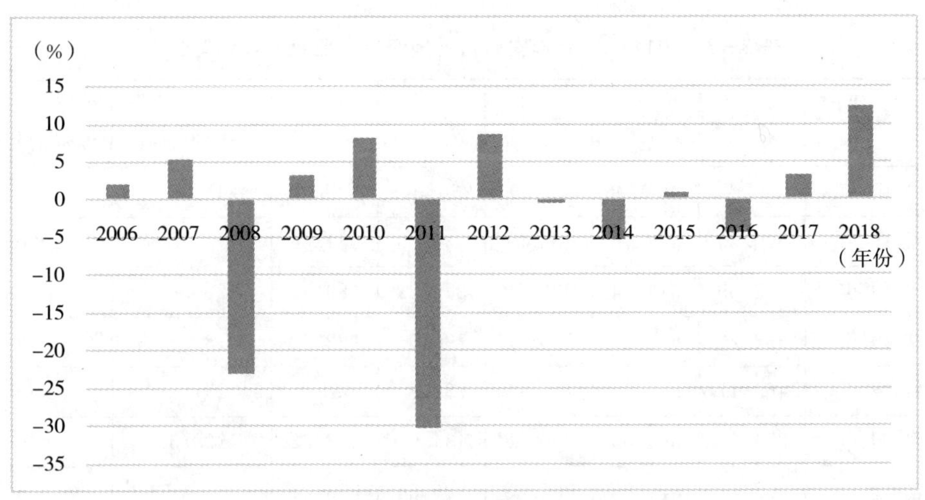

图 3-4　2006—2018 年安徽工业投资增长幅度

数据来源：2006—2018 年《安徽省统计年鉴》和安徽省统计局网站。

2014—2018 年，安徽省各地级市工业投资额整体呈上升趋势。2018 年，除淮南市工业投资额下降 13.53 亿元，其余各地级市工业投资额都有不同幅度的增长，工业投资额位居前三的分别是合肥、芜湖和马鞍山，工业投资额位居后三位的分别是黄山、淮南和池州。安徽省各地级市工业投资额均值为 1022.69 亿元，工业投资额高于平均水平的城市分别是合肥、芜湖、马鞍山、宣城、滁州、安庆和蚌埠。2018 年安徽各地级市工业投资额增长率较高，除铜陵、淮北和淮南以外，其余各地级市工业投资额均保持两位数的增长率。安徽各地级市增长率均值为 26.69%，增长率高于均值的城市分别为亳州、宣城、马鞍山、池州、蚌埠、滁州和阜阳。

分区域看，2018 年皖北地区工业投资额为 4112.29 亿元，增长率为 23.78%；皖南地区工业投资额为 7777.61 亿元，增长率为 30.6%；皖中地区工业投资额为 4473.21 亿元，增长率为 22.02%，皖南地区工业投资额增长速度最快。2018 年以来，全省尤其是皖南地区着力推进重点项目建设，工业和技术改造投资运行逐步进入“增长中高速、质量中高端”的健康发展轨道。

具体数据详见表 3-3 所列。

表 3-3 2014—2018 年安徽省各地级市工业投资额和增长率 （亿元，%）

年份 地区	2014	2015	2016	2017	2018	2018 年工业投资增加额	2018 年工业投资增长率
合肥市	1864.25	1930.06	2195.01	2356.48	2768.86	412.38	17.50
淮北市	500.69	564.16	486.91	537.39	581.46	44.07	8.20
亳州市	242.59	314.74	329.12	389.32	589.81	200.49	51.50
宿州市	532.20	652.46	700.75	790.51	923.32	132.81	16.80
蚌埠市	469.17	618.62	730.25	783.60	1081.37	297.77	38.00
阜阳市	274.97	340.56	390.98	434.99	563.32	128.33	29.50
淮南市	302.32	370.83	299.03	386.54	373.01	−13.53	−3.50
滁州市	617.38	710.12	845.88	881.15	1203.65	322.50	36.60
六安市	430.99	404.30	384.97	428.32	500.70	72.38	16.90
马鞍山市	792.72	948.37	1084.19	1206.69	1761.76	555.07	46.00
芜湖市	1153.77	1341.54	1568.06	1867.53	2242.90	375.37	20.10
宣城市	541.07	619.15	685.87	797.92	1208.85	410.93	51.50
铜陵市	343.89	511.49	603.63	679.31	744.52	65.21	9.60

（续表）

年份 地区	2014	2015	2016	2017	2018	2018 年工业投资增加额	2018 年工业投资增长率
池州市	308.44	343.04	349.89	380.41	529.92	149.51	39.30
安庆市	792.52	814.82	828.02	899.37	1137.71	238.34	26.50
黄山市	98.20	84.48	105.57	123.94	151.95	28.01	22.60
均值	579.07	660.55	724.26	808.97	1022.69	213.73	26.69

数据来源：各年《安徽统计年鉴》和安徽省统计局网站。

二、制造业投资快速增长

2018 年以来，安徽大力推进创新驱动发展战略，工业投资结构总体呈现出较为明显的优化趋势，工业转型升级稳步推进，制造业对工业投资的贡献率持续提升。

一是，制造业成为拉动投资增长的重要动力。2018 年，全省工业投资仍保持较快增长态势，同比增长 24.8%，其中，制造业投资增长 33.3%，比上年提高 21.8 个百分点，对投资增长的贡献率为 67.8%。传统制造业转型升级加快，如纺织业投资增长 84.9%，家具制造业投资增长 76%，木材加工和木竹藤棕草制品业投资增长 70%，石油煤炭及其他燃料加工业投资增长 65.8%。创新驱动成为制造业投资增速回暖的最大动力，2018 年，制造业中的技术改造投资增长 36%，增速比全部制造业投资高 2.7 个百分点。中高端制造业加快布局，高技术制造业中的医药制造业、铁路传播航空航天和其他运输设备制造业增长 65.8%和 63.5%。装备制造业中的通用设备制造业、汽车制造业、仪器仪表制造业分别增长 42.9%、37.3%和 92.7%。

二是，制造业对工业投资的贡献率进一步强化。2005 年以来，采矿业对工业投资的贡献率呈现出下降趋势，由 2005 年的 12.78%下降到 2016 年的－8.91%，2017 年开始回升，2018 年为 5.82%。制造业对工业投资的贡献率则由 2005 年的 51.90%提高到 2018 年的 98.1%，且在近 10 年里处于波动上升的趋势，但对工业投资的贡献率进一步加大。而电力、热力、燃气及水生产和供应业的投资贡献率则处于先下降后上升的趋势，近6年间处于上升趋势，到2017年达到20.97%，2018年剧烈下降到−7.72%，近七年来对工业投资的贡献率首次出现负值，主要因为电力、热力、燃气及水生产和供应业的投资出现了大幅度萎缩。

具体数据详见表3-4所列。

表3-4　2005—2018年安徽不同工业门类投资对工业投资的贡献率　（%）

年　份	采矿业	制造业	电力、热力、燃气及水生产和供应业
2005	12.78	51.90	35.32
2006	15.12	77.86	7.03
2007	8.25	74.99	16.76
2008	6.00	90.76	3.24
2009	5.17	101.13	−6.30
2010	3.64	91.68	4.68
2011	−3.61	113.32	−9.71
2012	0.21	90.49	9.30
2013	−3.78	96.23	7.55
2014	−2.03	98.22	3.81
2015	0.38	83.52	16.10
2016	−8.91	88.30	20.61
2017	−0.08	79.11	20.97
2018	5.82	98.10	−7.72

数据来源：2005—2018年的《安徽统计年鉴》及安徽省统计局网站。

三、工业技术改造投资快速增长

2018年安徽在《大规模实施新一轮技术改造推进方案》的基础上，为适应高质量发展和建设现代化五大发展美好安徽的新要求，又印发《关于贯彻落实高质量发展要求深入实施新一轮技术改造的通知》，对投资目标、重点工作、保障措施等进行再部署、再动员，实施更高质量和水平的新一轮大规模技术改造，推动技改工作再上新台阶。

从制造业技术改造投资来看，2018年安徽技术改造投资保持高位增长，全省已累计实施技术改造的规模以上企业达到9153户，技术改造投资同比增长 34.6%，增速居全国第 4 位，比上年提高 16.6 个百分点，创 2012 年以来同期新高，分别高于工业和固定资产投资 23.8 个和 22.8 个百分点。制造业技术改造投资加快发力，与 2017 年相比增长 36%，高于全部技术改造投资 1.4 个百分点，增速比 2017 年提高 17.7 个百分点。其中，医药制造业、铁路船舶航空航天和其他运输设备制造业增长 65.8%、63.5%，装备制造业中的通用设备制造业、汽车制造业、仪器仪表制造业分别增长 42.9%、37.3%和 92.7%。重大项目带动效果突出，全省实施亿元以上重点技改项目 1162 项，项目进度良好，快于上年同期，超额完成全年目标任务，其中 10 亿元以上重大项目实施 118 项。

具体数据详见表 3－5 所列。

表 3－5　2006—2018 年安徽工业技术改造投资额及其增幅　（亿元，%）

年　份	工业技术改造投资	增长率
2006	851.82	22.70
2007	1078.40	26.60
2008	1408.70	30.60
2009	1802.80	35.70
2010	2472.30	37.10
2011	2947.00	41.80
2012	3836.40	26.30
2013	4316.60	12.50
2014	5031.00	16.50
2015	5757.70	14.40
2016	6363.20	10.50
2017	7352.90	18.00
2018	9897.00	34.60

数据来源：2006—2018 年的《安徽国民经济和社会发展统计公报》。

从各地级市技术改造投资来看，全省 16 个地级市技术改造投资全部实现增长，8 个地级市增速超全省平均水平，亳州增长 81%，实施重点项目 27 项；芜湖增长 69.5%，实施重点项目 106 项；阜阳增长 58.5%，实施重点项目 89 项；宣城增长 52%，实施重点项目 73 项；池州增长 50.9%，实施重点项目 40 项；滁州增长 49.6%，实施重点项目 80 项；蚌埠增长 48.5%，实施重点项目 85 项；宿州增长 44.8%，实施重点项目 51 项。5 市投资保持平稳增长，增速在 15%以上。其中，马鞍山增长 30.1%，实施重点项目 85 项；淮南增长 28.1%，实施重点项目 61 项；合肥增长 27.8%，实施重点项目 137 项；安庆增长 20.9%，实施重点项目 139 项；淮北增长 16%，实施重点项目 55 项。3 个地级市增长压力较大，投资有所减缓，增速在 10%以下。其中，六安增长 7.7%，实施重点项目 50 项；黄山增长 2.7%，实施重点项目 20 项；铜陵增长 1.9%，实施重点项目 64 项。

近年来，安徽技术改造投资整体向好，虽然由于各城市经济基础、外部经济发展环境等方面存在较大差异，导致不同城市在转型升级过程中面临的挑战和问题不一样，但是全省技术改造投资的区域协调性有所增强。2018 年，以合肥、淮南、六安为主的合肥都市圈技术改造投资保持平稳增长，合肥都市圈工业企业正处于转型发展的中后期，大部分传统企业已经完成了技术改造，尤其是六安的技术改造投资增速只有 7.7%，进一步拉低了合肥都市圈技术改造投资增速。以亳州、阜阳和蚌埠为代表的皖北地区技术改造投资快速增长，亳州的技术改造投资增速全省第一，得益于近年来皖北振兴战略的实施，皖北地区工业企业正处于快速转型发展阶段，技术改造投资进一步加强。皖江城市带承接产业转移示范区 8 个地级市技术改造投资快速增长，承接了大批工业企业。

具体数据详见表 3－6 所列。

表 3－6 2018 年安徽各地级市技术改造投资增速及实施重点项目数

地　区	增　速（%）	实施重点项目数（个）
全省	34.60	1162
合肥	27.80	137
淮北	16.00	55

（续表）

地　区	增　速（%）	实施重点项目数（个）
亳州	81.00	27
宿州	44.80	51
蚌埠	48.50	85
阜阳	58.50	89
淮南	28.10	61
滁州	49.60	80
六安	7.70	50
马鞍山	30.10	85
芜湖	69.50	106
宣城	52.00	73
铜陵	1.90	64
池州	50.90	40
安庆	20.90	139
黄山	2.70	20

数据来源：安徽省统计局网站。

四、工业投资在中部地区排名稳步提升

2018 年安徽强化投资引导、突出项目支撑，制造强省、民营经济等政策措施综合发力，使得工业投资中部地区排名稳步提升，发展潜力不容小觑。

一是，工业投资总额稳步上升。2005 年以来，安徽工业投资总额在中部六省中的位次在波动中上升。2005 年安徽工业投资在中部省份位居第 5 位，2012—2014 年则位居第 3 位，虽然 2015 年有所下降，但 2016—2018 年连续稳居第 2 位，与排名第 1 位的河南的差距明显缩小。安徽工业投资额占河南工业投资额的比重从 2005 年的 0.47 上升到 0.83，同时进一步拉大了与山西、江西、湖北等省份的差距。

二是，工业投资增速快速提高。2005 年、2008 年、2009 年、

2011—2015 年安徽工业投资增长率低于中部平均水平，其他年份则高于中部地区平均水平，2017 年达到 11.7%，高于平均水平 3 个百分点，位居中部地区第 3 位，2018 年为 24.8%，高于平均水平 8.83 个百分点，位居中部地区第 2 位。

具体数据详见表 3－6 和表 3－7 所列。

表 3－7　2005—2018 年中部地区工业投资总额　（亿元）

年份	山西	安徽	江西	河南	湖北	湖南
2005	1115.18（2）	916.80（5）	791.70（6）	1944.28（1）	1065.49（3）	920.80（4）
2006	1334.55（3）	1397.03（2）	1039.72（6）	2737.20（1）	1289.07（4）	1130.77（5）
2007	1605.75（4）	2149.21（2）	1488.67（6）	4087.29（1）	1676.87（3）	1599.16（5）
2008	1851.13（6）	2792.94（2）	2564.64（3）	5392.69（1）	2321.18（4）	2209.03（5）
2009	2128.05（6）	3656.21（2）	3633.35（3）	6959.02（1）	3054.12（4）	3022.08（5）
2010	2610.89（6）	5012.15（2）	5003.04（3）	8228.16（1）	4088.23（4）	3955.24（5）
2011	3339.01（6）	5714.22（2）	5149.99（4）	9113.41（1）	5390.36（3）	4842.89（5）
2012	4129.71（6）	6898.92（3）	5922.90（5）	11029.00（1）	6936.68（2）	5938.25（4）
2013	4700.74（6）	8134.80（3）	7139.47（5）	13139.01（1）	8852.79（2）	7441.48（4）
2014	5052.76（6）	9265.16（3）	7907.50（5）	15388.90（1）	10010.7（2）	8508.33（4）
2015	5283.10（6）	10568.76（4）	8918.31（5）	17023.35（1）	12146.51（2）	10631.87（3）
2016	4908.50（6）	11588.00（2）	10321.97（3）	18536.63（1）	10217.02（5）	10274.71（4）
2017	5060.70（6）	12943.55（2）	11782.90（4）	19190.97（1）	12712.39（3）	11037.95（5）
2018	5450.37（6）	16153.49（2）	13326.46（5）	19574.79（1）	14720.95（3）	14614.25（4）

数据来源：2006—2017 年《中国统计年鉴》及各省统计局网站的数据。括号中的数字为位次，下表同。

表 3－8　中部地区工业投资增长率　（%）

年份	平均	山西	安徽	江西	河南	湖北	湖南
2005	76.75	74.30（3）	63.96（6）	69.89（5）	91.05（1）	76.17（2）	72.48（4）
2006	32.19	19.67（6）	52.38（1）	31.32（3）	40.78（2）	20.98（5）	22.79（4）
2007	41.20	20.32（6）	53.84（1）	43.18（3）	49.32（2）	30.08（5）	41.42（4）
2008	35.89	15.28（6）	29.95（5）	72.28（1）	31.94（4）	38.42（2）	38.14（3）
2009	31.06	14.96（6）	30.91（4）	41.67（1）	29.05（5）	31.58（3）	36.81（2）

（续表）

年份	平 均	山 西	安 徽	江 西	河 南	湖 北	湖 南
2010	28.70	22.69（5）	37.09（2）	37.69（1）	18.24（6）	33.86（3）	30.88（4）
2011	16.09	27.89（2）	14.01（4）	2.94（6）	10.76（5）	31.85（1）	22.44（3）
2012	21.78	23.69（2）	20.73（4）	15.01（6）	21.02（5）	28.69（1）	22.62（3）
2013	20.93	13.83（6）	18.60（5）	20.54（3）	19.13（4）	27.62（1）	25.31（2）
2014	13.61	7.49（6）	13.23（3）	10.76（5）	17.12（1）	13.08（4）	14.34（2）
2015	14.72	4.56（6）	14.07（3）	12.78（4）	10.62（5）	21.34（2）	24.96（1）
2016	1.32	−7.09（5）	9.64（2）	15.74（1）	8.89（3）	−15.89（6）	−3.36（4）
2017	8.70	3.10（6）	11.70（3）	14.60（1）	3.50（5）	11.90（2）	7.40（4）
2018	15.97	7.70（5）	24.80（2）	13.10（4）	2.00（6）	15.80（3）	32.40（1）

第三节 安徽工业投资效率分析

工业投资的推动力，既体现在规模的增长上，又体现在效率的提升上。当前，安徽工业发展进入产业结构升级和新旧动能转换的关键阶段，工业投资面临巨大挑战。为推动工业投资平稳健康发展，不仅要保证一定的投资规模，更要提高工业投资效率。工业投资效率可以用工业投资效益系数和工业投资效率值（TFP）来表现。本节运用工业投资效益系数和工业投资效率值客观分析安徽工业投资效率，引导工业投资更多地投向高技术、高效率、高附加值和高成长性的行业。

一、工业投资效益系数分析

工业投资效益系数可以通过工业投资增加值与工业投资总额之比来表示。基于安徽16个地级市的工业投资增加值和工业投资总额，得到2014—2018年安徽各地级市工业投资效益系数，见表3-9所列。基于中部六省的工业投资增加值和工业投资总额，得到2014—2018年中部六省的工业投资效益系数，见表3-10所列。

表 3-9　2014—2018 年安徽省各地级市工业投资效益系数

地区＼年份	2014	2015	2016	2017	2018
合肥市	0.073	0.061	0.010	0.088	0.099
淮北市	−0.007	−0.090	−0.068	0.066	0.003
亳州市	0.051	0.058	0.008	0.066	0.055
宿州市	0.044	0.046	0.022	0.048	0.046
蚌埠市	0.195	0.134	0.061	0.090	0.003
阜阳市	0.246	0.173	0.082	0.126	0.121
淮南市	−0.236	−0.053	0.006	0.096	0.040
滁州市	0.088	0.073	0.016	0.104	0.068
六安市	0.088	−0.146	−0.013	0.069	0.080
马鞍山市	0.026	−0.023	0.025	0.045	0.034
芜湖市	0.102	0.028	−0.019	0.065	0.058
宣城市	0.073	0.027	0.010	0.048	0.042
铜陵市	0.011	0.138	−0.002	0.269	0.047
池州市	0.072	0.034	0.006	0.028	0.032
安庆市	0.123	−0.068	0.042	0.069	0.054
黄山市	0.080	−0.029	0.020	0.107	0.096

表 3-10　2014—2018 年中部六省的工业投资效益系数

地区＼年份	2014	2015	2016	2017	2018
山西	0.087（1）	0.030（3）	0.012（5）	0.069（5）	0.045（6）
安徽	0.041（5）	0.022（5）	0.012（5）	0.120（2）	0.110（1）
江西	0.042（4）	0.023（4）	0.052（2）	0.080（3）	0.096（4）
河南	−0.003（6）	0.010（6）	0.039（4）	0.079（4）	0.085（5）
湖北	0.070（2）	0.071（1）	0.071（1）	0.133（1）	0.098（3）
湖南	0.051（3）	0.031（2）	0.043（3）	0.043（6）	0.104（2）

由表 3 - 9 和表 3 - 10 可得到如下结论：

一是，安徽各地级市工业投资效益系数总体向好。近五年来，安徽省大部分地级市的工业投资效益系数总体上呈上升趋势，16 个地级市中有 9 个地级市的工业投资效益系数呈上升趋势。其中，合肥从 0.073 上升到 0.099，淮北从－0.007 上升到 0.003，亳州从 0.051 上升到 0.055，宿州从 0.044 上升到 0.046，淮南从－0.236 上升到 0.040，马鞍山从 0.026 上升到 0.034，铜陵从 0.011 上升到 0.047，安庆从 0.123 上升到 0.054，黄山从 0.080 上升到 0.096，而蚌埠、阜阳、滁州、六安、芜湖、宣城和池州工业投资效益系数呈下降趋势。可见，安徽超过一半地级市的工业投资效益系数呈现出明显的上升趋势，工业投资效益总体向好。

二是，安徽工业投资效益系数波动较大。2014—2016 年，除了淮南市之外，安徽其他 15 个地级市的工业投资效益系数大幅下跌，其中淮北、六安、芜湖和铜陵 4 个地级市 2016 年的工业投资效益系数跌到负值，工业投资效益表现为负增长。2016—2017 年，全省 16 个地级市的工业投资效益系数都表现出直线上升态势，淮北、六安、芜湖和铜陵的工业投资效益系数由负转正。2017—2018 年，仅合肥、六安和池州 3 市的工业投资效益系数高于 2017 年，合肥工业投资效益系数从 2017 年的 0.088 上升到 2019 年的 0.099，六安市从 0.069 上升到 0.080，池州从 0.028 上升到 0.032，其余 13 个地级市的工业投资效益系数均呈下降趋势。2014—2016 年安徽进行供给侧结构性改革，工业发展处于极速转变阶段，工业投资出现阶段性放缓，工业投资效益下降。2017 年供给侧结构性改革取得良好结果，促进了工业投资效率的快速上升。2018 年国内外经济发展环境复杂而严峻，稳定投资和扩大出口等方面还面临着巨大挑战，工业投资效益明显回落。

三是，安徽工业投资效益系数区域差异较大。五年来，皖北、皖中和皖南三个地区的工业投资效益系数均值都出现了明显的回落趋势，皖北从 0.049 下降到 0.045，皖中从 0.083 下降到 0.082，皖南从 0.07 下降到 0.052，分别下降了 0.004、0.001 和 0.018，其中皖南下降幅度最大，皖中下降幅度最小。从各区域内部来看，皖北地区的蚌埠和阜阳 2 个地级市的工业投资效益系数呈下降趋势，皖南地区芜湖、宣城和池州 3 个地级市工业投资效益系数呈下降趋势，中部地区 3 个城市中除合肥外其他城市工业投资效益系数均呈下降趋势，主要因为合肥都市圈的快速发展对临近城市的优势产业产生虹吸效应。2018 年，皖北地区所有城市的工业投资效益系数均明显下降，中部地区合肥和六安的工业投资效益系数继续上升，皖南地区仅池州的工业投资效益系数继续上升。

四是，安徽工业投资效益系数在中部地区增长最快。安徽工业投资效益系数从 2014 年的中部六省倒数第二上升到 2018 年的中部六省第一，工业投资效益系数增长快速。2014—2018 年，仅有山西省的工业投资效率呈下降趋势，山西省传统产业占比很大，新兴产业比重较低，国有企业占比较大，经济内生动力不足，加上山西是煤炭资源省，近年来由于煤炭行业不景气，导致山西省工业投资效益系数持续走低。相比于上年，2018 年中部地区江西、河南和湖南三省的工业投资效益系数有所上升，山西、安徽和湖北三省的工业投资效益系数有所下降。2018 年安徽工业投资系数为 0.11，在中部六省中排名第一，分别高于山西省 0.045、江西省 0.096、河南省 0.085、湖北省 0.098 和湖南省 0.104。2018 年安徽深入贯彻落实高质量发展要求，不断优化投资结构，投资进一步向优势产业集中，减少高耗能行业投资，工业投资效益不断向好，工业投资效益系数从 2014 年的中部第五上升到 2017 年的中部第二和 2018 年的中部第一。

二、工业投资效率值分析

工业投资效率就是一定的经济主体在投资过程中所取得的实际回报与所耗费的投入之间的比率，也就是我们一般意义上的产出与投入的比例关系。DEA 数据包络分析是评价效率最有效的非参数方法，它以相对效率概念为基础，应用数学规划模型计算比较决策单元之间的相对效率，对评价对象做出评价，适用于多投入-多产出的有效性综合评价问题。在处理多投入-多产出的有效性评价方面有绝对优势，排除了主观因素，有很强的客观性。早在 1988 年，魏权龄等就用 DEA 数据包络分析方法来研究工业整体效率。传统 DEA 模型中的 CCR 和 BCC 模型在计算效率时，对于出现的很多效率值为 1 的决策单元无法再进行比较且容易忽视松弛变量，而超效率 DEA 模型能够有效克服上述缺陷。

下面从工业行业的角度出发来研究工业固定资产投资的效率，在分析超效率 DEA 时，采用工业固定资产投资额为投入变量，工业增加值和主营业务收入为产出变量。

2014—2018 年安徽各地级市工业投资效率值和 2014—2018 年中部六省工业投资效率值分别见表 3－11 和表 3－12 所列。

表 3－11　2014—2018 年安徽各地级市工业投资效率值

年份 地区	2014	2015	2016	2017	2018
合肥市	0.758	0.701	0.738	0.771	0.835
淮北市	0.751	0.660	0.864	0.944	0.875
亳州市	0.497	0.422	0.500	0.489	0.446
宿州市	0.369	0.384	0.463	0.422	0.432
蚌埠市	0.577	0.571	0.622	0.645	0.628
阜阳市	0.821	0.846	0.948	1.084	1.192
淮南市	0.479	0.379	0.519	0.530	0.873
滁州市	0.459	0.521	0.548	0.669	0.568
六安市	0.532	0.546	0.659	0.586	0.726
马鞍山市	0.456	0.421	0.446	0.460	0.375
芜湖市	0.595	0.614	0.634	0.596	0.643
宣城市	0.490	0.420	0.453	0.461	0.360
铜陵市	1.298	0.871	0.880	0.931	0.936
池州市	0.317	0.316	0.379	0.404	0.335
安庆市	0.496	0.488	0.578	0.599	0.602
黄山市	1.420	1.526	1.406	1.298	0.886

表 3－12　2014—2018 年中部六省工业投资效率值

年份 地区	2014	2015	2016	2017	2018
山西	1.133（1）	1.016（3）	0.887（4）	0.926（4）	0.761（6）
安徽	0.649（6）	0.774（5）	0.763（5）	0.917（5）	0.856（4）
江西	0.672（5）	0.733（6）	0.722（6）	0.868（6）	0.779（5）
河南	1.194（2）	1.087（1）	0.896（3）	1.073（1）	0.984（3）
湖北	0.854（3）	0.990（4）	1.188（1）	1.042（2）	1.083（1）
湖南	0.800（4）	1.032（2）	0.936（2）	0.988（3）	1.020（2）

由表 3－11 和表 3－12，可得到以下结论：

一是，安徽各地级市工业投资效率值总体呈上升趋势。2014—2018 年，安徽大部分地级市的工业投资效率值总体呈上升趋势，16 个地级市中有 11 个地级市的工业投资效率值呈上升趋势。其中，合肥从 0.758 上升到 0.835，淮北从 0.751 上升到 0.875，宿州从 0.369 上升到 0.432，蚌埠从 0.577 上升到 0.628，阜阳从 0.821 上升到 1.192，淮南从 0.479 上升到 0.873，滁州从 0.459 上升到 0.568，六安从 0.532 上升到 0.726，芜湖从 0.595 上升到 0.643，池州从 0.317 上升到 0.335，安庆从 0.496 上升到 0.602，而亳州、马鞍山、宣城、铜陵和黄山 5 个地级市的工业投资效率值呈下降趋势。2018 年，在全国经济增长放缓和国际贸易摩擦不断加剧的情况下，安徽仍有合肥、淮北、宿州、淮南、六安、芜湖、铜陵和安庆 8 个地级市的工业投资效率值逆势增长。

二是，安徽工业投资效率值区域差异明显。2014—2018 年，皖北地区 6 个地级市中有 5 个地级市的工业投资效率值呈上升趋势，皖中地区 3 个地级市的工业投资效率值全部呈上升趋势，皖南地区 7 个地级市仅有 3 个地级市工业投资效率值呈上升趋势。2018 年，皖北地区有 3 个地级市工业投资效率值呈下降趋势，中部地区仅有 1 个地级市呈下降趋势，皖南地区有 4 个地级市呈下降趋势，占效率值下降城市总数的一半，主要因为随着五大发展理念和皖南国际文化旅游示范区的建设，皖南地区越来越注重生态环境保护，大力发展旅游业和服务业，同时加上合肥都市圈的有利竞争，皖南地区工业发展受到很大限制。

三是，安徽省工业投资效率值稳步提升。2014—2018年，在中部六省中，山西和河南的工业投资效率值处于下降趋势，安徽、江西、湖北和湖南的工业投资效率值总体处于上升趋势。相比2017年，2018年仅有湖北省的工业投资效率值上升，中部其余五省的工业投资效率值均有不同程度的下降，主要是因为2018年以来中部地区投资增速虽然快速增长，但是面临新旧动能转换和产业结构升级，技术改造投资的大量投入所带来的效应并不能在当年得到充分释放。2018年安徽工业投资效率值为0.856，在中部六省中排名第四，分别高于山西省的0.761和江西省的0.779，低于河南省的0.984、湖北省的1.083和湖南省的1.02，但是安徽工业投资效率值在中部地区一直稳步提升，从2014年的第六名上升到2018年的第四名。究其原因，近年来安徽深入贯彻落实“制造强省”的发展要求，不断优化投资结构，投资进一步向优势产业集中，减少高耗能行业投资，工业投资效益不断向好，但是受宏观经济影响，安徽工业投资效率值出现了小幅下降。

第四节　安徽工业投资存在的问题及其对策建议

在全省工业经济保持平稳较快发展、工业投资取得较大成绩的同时，在工业投资结构、工业投资效率和不同区域工业投资等方面还存在一些问题。本节分析安徽工业投资存在的主要问题，并提出对策建议。

一、工业投资存在的问题

（一）工业投资结构有待优化

近年来，虽然安徽高度重视产业结构调整，在工业转型升级技术改造、技术创新、绿色制造、民营经济提升、装备工业、电子信息、智能语音及人工智能、互联网与制造业融合等方面取得积极成效，但是工业投资结构还有待优化。2018 年，安徽采矿业投资同比增长 80.5%，石油煤炭及其他燃料加工业投资增长 65.8%，传统产业投资的力度和强度依然较大，如纺织业、家具制造业和木材加工业等投资增速都超过了 70%，而先进制造业和高新技术产业的投资却相对较少，这表明安徽粗放型的投资方式仍未得到根本改变，工业投资结构依然有待优化。

（二）工业投资效率有待提高

近五年来，安徽工业投资效率虽然总体呈上升趋势，但其波动幅度较大，呈“倒 N”变化走势。2014—2016 年工业投资效益系数持续下降，2016—2017 年直线上升，2017—2018 年又出现轻微下降，此外工业投资效率值增长趋势放缓。产生这一情况的主要原因是近几年安徽进行供给侧结构性改革，一些高耗能、高污染企业相继转移和清退，工业发展处于转型升级阶段，同时国内外经济发展环境复杂而严峻，稳定投资和扩大出口等方面还面临着巨大挑战，工业投资效益明显回落。

（三）区域投资存在较大差距

从投资总量来看，安徽仅有合肥和芜湖的工业投资额超过 2000 亿元，合肥、芜湖和马鞍山 3 个地级市的工业投资总额占全省的 41%。全省 16 个市的技术改造投资全部实现增长，但差异较大。亳州、芜湖、阜阳、宣城、池州、滁州、蚌埠和宿州等 8 个地级市的技术改造投资增速高于全省平均水平，马鞍山、淮南、合肥、安庆和淮北等 5 个地级市的技术改造投资保持平稳增长，六安、黄山和铜陵 3 个地级市的技术改造投资远低于全省水平。合肥都市圈实施技改重点项目数占全省的比重为 56.63%，皖北地区实施技改重点项目数占全省的比重为 31.67%。区域投资的巨大差异不利于安徽工业整体发展，容易产生马太效应，进一步拉开投资差距。

二、工业投资发展的对策建议

为促进安徽工业投资持续稳定增长，在对安徽工业投资情况和面临的主要问题进行深入剖析的基础上，笔者提出如下建议。

（一）加强政策引导，优化投资结构

工业投资不仅要注重数量的扩张，更要重视结构调整和效率提高。首先，要强化对产业投资政策信息的引导。政府要积极落实产业发展政策的宣传工作，优化产业政策发布渠道，引导社会投资方向，使资金流入需要发展的重点行业。其次，要加强对经济的宏观调控，避免工业投资浪费。将投入、融资、重点生产要素供应、主要产品价格变化、市场开拓、重点企业发展等情况统一纳入调度和监测的范围，及时提出解决苗头性、倾向性问题的政策措施，减少企业由于信息不对称造成的盲目扩大规模以及工业投资浪费，避免出现部分行业产能过剩。最后，坚持以“去库存，调结构，强管理，降成本，提效益”为抓手，优化工业投资结构。通过兼并联合，完善产业链，促进全省工业行业联合重组谋发展，提高产业集中度，增强核心竞争力，加快工业企业发展，引导具有较强综合实力和竞争优势的行业龙头企业，引入新的机制，借力发展。坚决淘汰落后产能及高耗能、高污染行业，积极推动和引导不符合产业发展方向、不适合发展的行业向其他符合产业发展条件的地区转移。

（二）加大科技投入，促进制造业转型升级

制造业转型升级的重要途径就是加强企业研发，尤其对于高端装备制造业而言，只有保证顺向研发持续大量的投入，才能保证企业连续不断的技术创新。因此，安徽制造业企业在发展过程中一方面要有长远眼光，避免赚快钱的发展道路，整体上要加强基础投入，实现科技创新，掌握核心技术，同时政府在扮演服务者的角色中要加强对企业的知识产权保护，激励企业创新。另一方面，要善于利用国外资金和技术，可以通过和国外领先企业的合作，不断吸收技术和人才，也可以通过整合并购国外优质企业获得技术支持。另外，不同行业之间的技术突破要有侧重点，要善于抓住关键环节和重点领域，从而加快传统制造业向高端制造业转变的步伐。

（三）统筹区域发展，缩小投资差距

面对安徽各地级市工业投资差距进一步拉大这一难题，必须要在正视各地级市差距的基础上统筹谋划，对于部分产业结构单一、新动

能培育慢、发展动力明显不足的地区：一是强化要素保障。围绕金融、财税、要素保障等方面，落实好扶持实体经济发展的各项政策措施，切实解决企业生产经营中融资难（贵）、负担重以及劳动力、土地、水、电等生产要素缺失的问题。二是加强产业谋划和招商引资。按照工业转型升级的发展方向，围绕机器人、节能环保、集成电路、新型医疗设备、轨道交通、高端塑料加工等重点产业，加大工业项目策划力度。创新招商思路，实施精准招商、产业链招商和共建园区招商，确保重大项目接续落地。三是加大工业技术改造投资力度。聚焦《中国制造2025安徽篇》确定的重点方向，围绕重点工程和产业链瓶颈，针对工业“四基”的薄弱环节，统筹采用补助、贴息、奖励、资本金注入等方式予以支持，提高资金使用效益。

（四）强化管理机制，实现项目提质增效

一要严把项目准入评估关口。逐步完善工业项目准入政策，土地资源要素尽量向新兴产业及传统产业关键突破环节倾斜，做到“严把关”和“简流程”齐下，严格按照产业目录、投资强度和容积率等的环境标准和安全标准要求，简化流程，高速准入，做源头的质量管理。二要严把项目推进关口。按照“增量落地一批、存量提升一批、低效更新一批”进行分类管理，动态跟踪项目进度，尤其要加快推进重点项目建设，充分发挥重点项目的支撑作用，做好项目落地、推进、投产的“服务员”。三要严把项目后管理关口。建立项目长效后管理机制，一方面要严格验收，严格控制验收的各项程序，确保企业在产业、投资、土地利用及环境等方面高质高量完成投资；另一方面要做投产后的绩效评价管理，指导企业重视创新驱动，实现高质量发展，从而真正实现工业投资的有效性。

第五节　安徽工业投资发展的支撑条件、基本判断和重点方向

制造强省是安徽既定的战略方向，因此促进工业高质量发展是未来安徽工业发展的主要任务。在对安徽工业发展基本情况、工业投资

现状和投资效率等方面分析的基础之上，本节从安徽工业投资发展的支撑条件出发，对工业投资发展进行基本判断，并在此基础上提出安徽工业投资发展的重点方向。

一、工业投资发展的支撑条件

当前，随着稳态局面的形成，工业经济运行中积极因素逐步积累并将在今后一段时间内陆续释放，安徽准确利用工业投资发展中的支撑条件将对下一阶段的工业投资的稳定增长起到积极正面的促进作用。

一是政策效应陆续释放，扶持力度加大。近年来，结合国家产业政策，安徽陆续出台《中国制造 2025 安徽篇》《加快调结构转方式促升级行动计划》《战略性新兴产业集聚发展工程》《安徽省人民政府关于印发支持制造强省建设若干政策的通知》等政策，创新驱动和制造强国战略强力推进，“调转促”行动计划和“三重一创”建设大力推进，深度推进“互联网＋”与工业融合，新技术、新业态、新模式的扩展为工业投资新增长点培育带来契机。同时，“一带一路”倡议和长江经济带战略等机遇，为全省工业投资新增长点培育发展提供了新的平台和空间。同时各级政府对辖区工业企业发展的扶持力度加大，有助于改善工业企业发展的外部环境。

二是稳中向好的态势明朗，增长有内需保障。近年来，虽然我国经济下行压力加大，但增长质量稳步提升，长期向好的大势没有变，仍处在大有可为的重要战略机遇期。在促进国内需求方面，国家发改委对基建审批快马加鞭，将有效促进一批重大项目及早开工建设，形成有效投资需求；在资金保障方面，财政部表示要适度扩大财政支出规模，支持重大在建项目建设；在营造宽松环境方面，继续加大减税降费力度，减轻企业负担，继续推进“放管服”改革，着力破解束缚企业手脚的制约因素，防止对企业正常生产经营的不必要干扰。可以预见，一系列宏观调控组合拳的精准出击，将为我国工业经济平稳增长打下良好基础。

三是行业发展不乏亮点，增长有较强支撑。近些年，全省认真落实淘汰落后过剩产能的任务，持续推进产业结构调整，扎实推进供给侧结构性改革，采矿业等一些行业发展出现阶段性回落，但制造业、与居民生活相关的消费品工业增势良好，全省工业投资发展不乏亮点，有力支撑了全省工业的增长。从全国整体来看，在汽车行业增势放缓、医药等行业转型升级步伐加快的大环境下，随着安徽这些行业规模的不断壮大，后发优势逐步减弱，但在短期内仍将保持较快增长水平，能够为全省工业经济增长提供强力支撑。

二、工业投资的基本判断

目前，全球经济面临的不确定性和不稳定性因素增多，经济贸易增长乏力，国内也面临着诸多矛盾叠加、风险隐患增多的严峻挑战。受此不利因素的影响，全省工业经济下行压力仍较大。根据近几年安徽工业投资分析情况，可以对安徽未来几年的工业投资做如下判断。

判断 1：工业投资增速继续维持中高速增长。随着工业互联网蓬勃发展，将带动工业新旧动能加速转换，新兴产业快速发展，传统产业改造提升力度加大，工业供给体系质量持续提升，加速迈向中高端，全省工业投资将继续处于中等增速区间运行。

判断 2：高端制造业投资进一步强化。随着经济进入高质量发展阶段，制造业高质量发展将成为主题主线，高端化、智能化、绿色化和服务化将成为主攻方向。围绕培育和加快高端制造业发展、传统制造业技改升级，高端制造业投资将进一步强化。

判断 3：工业投资区域差距逐步减小。目前无论是从投资总量还是从增速来看，安徽各地级市工业投资情况总体趋势向好，保持了较大增幅，虽然不同地区的工业投资差距仍较为明显，但是蚌埠、阜阳、宿州和亳州等皖北城市技术改造投资增速较快，合肥和马鞍山等经济发展较好地区的技术改造投资增速较慢，因此未来几年，安徽各地级市工业投资差距有望逐步减小，最终达到区域工业投资协调发展的目标。

判断 4：工业投资总额在中部地区有望成为第一。安徽工业投资总额在中部六省中的位次历年来常居第二，虽然与排第一位的河南相比仍有差距，但是近四年工业投资增速都高于河南省，工业投资总额已经达到河南省的 0.83，且与中部其他几个省相比差距在不断扩大。由此判断未来几年，安徽工业投资总额和增幅在中部地区仍然可以保持前列，并有望超过河南省。

三、工业投资发展的重点

根据前文对安徽工业投资情况的分析并结合安徽现有的产业基础，可以初步确定安徽工业投资未来发展的重点。通过大力发展战略性新兴产业，加大对传统产业技术改造投资的力度，抑制高耗能、高污染产业以及产能过剩产业投资，力争能够实现确定的工业投资优化的目标。

一是加大战略性新兴产业投资的力度。随着安徽供给侧结构性改革的深入推进，在能源、原材料工业增速回落，消费品工业平稳的同时，装备工业、电子信息工业两大新兴产业支撑起安徽工业增长的脊梁，成为拉动增长的主要动力。未来几年，安徽应围绕培育和加快高端制造业发展，加快新产品、新技术产业化，加强对产业关联度高、带动能力强的新一代信息技术、智能装备、先进轨道交通装备、海洋工程装备和高端船舶、航空航天装备、节能和新能源汽车、新能源、新材料、节能环保、生物医药和高端医疗器械等新兴产业的投资。

二是加大对传统产业技术改造投资的力度，实现产业内部的优化升级。面对经济新常态，安徽把加快传统产业转型升级作为稳增长、调结构的基础性力量，每年上万亿元的工业投资，也重点投向传统产业技术改造，安徽未来几年工业投资发展重点仍然是积极引导传统企业，加大智能化和绿色化改造的力度，促进钢铁、有色、化工、煤炭、电力、家电、工程机械、农业机械、绿色食品、轻纺鞋服、资源再生利用等传统产业投资，促进传统产业向价值链高端发展，提升产业整体素质和核心竞争力。全面实施《中国制造 2025 安徽篇》，重点增加高端制造、智能制造、绿色制造、精品制造、服务型制造等制造行业投资，加快运用新技术、新业态、新模式改造提升传统产业。

三是加大民营经济投资的力度。民营经济是推动经济发展的重要力量，是推进供给侧结构性改革、推动高质量发展、建设现代化经济体系的重要主体。2018 年末，安徽省制定了《关于大力促进民营经济发展的若干意见》，提振民营企业信心。安徽民营经济最大的短板是发展不足，在当前新一轮科技革命和产业变革加速演进的关键节点，安徽民营经济要实现加速赶超，必须加大科技投资的力度，因此民营经济是未来工业投资的重点。

第四章　安徽服务业投资分析

近年来，安徽服务业发展进入新常态，服务业拓展内涵更加丰富、行业分工更加精细、发展模式不断创新，尤其是现代服务业的不断衍生与发展，对稳定地区经济和促进产业升级产生了更大的影响。皖江城市带的推进以及“一带一路”建设的开展，带动了安徽各地区服务业投资贸易的快速增长。本章对安徽服务业的投资现状以及发展前景进行分析研究，并尝试给出提高服务业投资效率的政策建议。

第一节　安徽服务业投资总体情况

在《安徽省国民经济和社会发展第十三个五年规划纲要》和《安徽省“十三五”服务业发展规划》等文件的指导下，安徽服务业投资规模迅速扩大，投资结构渐趋优化，投资环境不断改善，投资对于经济的推动作用不断加强，但各地级市服务业的投资状况各不相同。本节主要分析安徽服务业的投资状况和投资环境，并对 16 个地级市的服务业投资环境进行综合评价。

一、服务业投资状况分析

在投资快速增长的带动下，全省服务业投资发展取得长足进步，逐步成为经济增长的重要贡献力量。安徽省政府坚持把服务业投资发展作为加快产业转型升级以及创新前进的重要抓手，力求在“十三五”经济快速提高阶段将服务业提质提量。

（一）服务业投资规模

近年来，安徽服务业投资规模不断扩大，但增速逐渐放缓。服务业投资总额从 2011 年的 5884.98 亿元增长到 2015 年的 12502.86 亿元，年平均增速达到 16.38%。服务业投资在“十二五”期间呈现良好态势，累计完成服务业投资 47082.46 亿元。其中，2012 年为波动转折点，增速变化大致呈现出“倒 U”状。安徽于 2011 年启动建设省级现代服务业集聚区，对服务业投资结构不断调整，投资出现小幅度下滑。之后在 2012 年投资增速一度跃升至 32.57%。在此期间，尽管安徽服务业投资增速处于大幅波动中，但投资总额跨入了万亿元关口。2015 年安徽启动实施“调转促 4105”行动计划，大力加快发展服务业重点实施工程，打造了一批现代服务特点的集聚区，为服务业创新、集聚、绿色和全面发展创造了一个良好的环境。2016 年，集聚区成效比较显著，投资增速开始上涨，达到 13.69%，使得服务业继续领跑于其他产业。2017 年，安徽服务业投资总额继续增长，投资增速为 11%。与 2016 年相比，增速下降了 2.69 个百分点，进入平稳发展阶段。

2018 年，安徽服务业投资总额占到全部投资额的 48.52%，投资规模已经超过第二产业，成为经济发展的重要支撑，对全省服务业增长的贡献明显提高，约为 44.68%，比“十二五”时期提高了 11 个百分点。同时，由于受高技术制造业和传统制造业加快产业升级等因素的影响，安徽固定资产投资普遍放缓，服务业也不例外，整体增速来看，“倒 U”状明显比“十二五”时期平缓。

具体数据如图 4-1 所示。

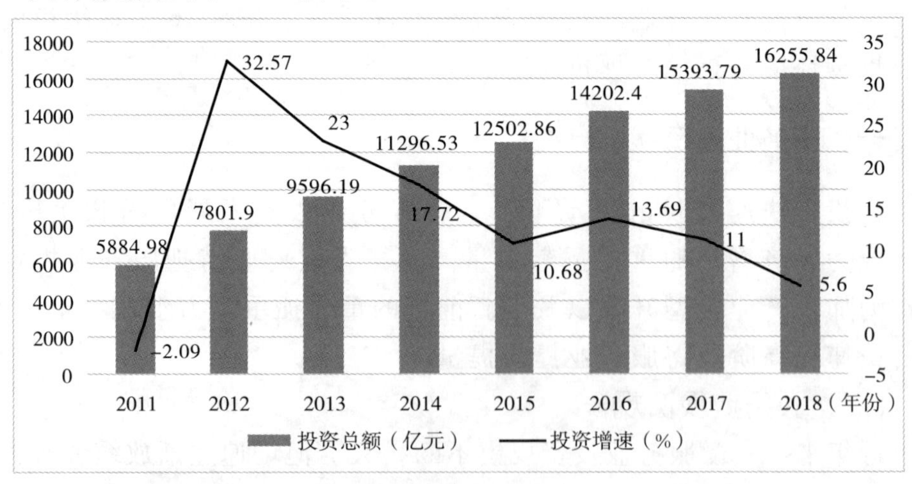

图 4-1　2011—2018 年安徽服务业投资总额及增速

（二）服务业投资结构

按服务对象，服务业可具体分为生产性服务业、生活性服务业和公共性服务业。按照服务业的内容形式，服务业又可以分为以交通运输、仓储和邮政业、批发和零售业以及住宿和餐饮业三大行业为主的传统服务业和现代服务业。因此，从这两种划分标准出发，对服务业的投资结构进行分析。自 2012 年以来，安徽服务业投资结构表现为以下特征：

1. 生活性服务业投资所占比重最大

2012 年，全省生活性服务业投资占全社会服务业投资总额的比重为 62.57％；2018 年，生活性服务业投资占社会服务业投资总额的比重约为 50.38％，生活性服务业比重显著下降了约 12 个百分点。

2012—2018 年，全省生活性服务业投资比重的变化大致经历了三个不同的阶段。其中，第一阶段：2012—2013 年，投资比重基本无变化；第二阶段：2013—2016 年，投资比重直线下降；第三阶段：2016—2018 年，投资比重下降幅度不明显。尽管生活性服务业投资比重有了明显的下降，但其比重仍然显著高于生产性服务业和公共性服务业的投资比重。一方面是因为安徽近几年正在对生活性服务业内容进行新的修改，紧紧围绕“调转促”等重大决策和战略来推进生活性服务业供给侧结构改革，培育发展新的消费方式与观念，由此导致其比重的下降；另一方面是因为生活性服务业作为国民生活的基础性产业，包括了能够满足居民基本生产和生活需要的批发和零售业、住宿和餐饮业，同时还包括了在国民经济中最活跃的房地产业，所占份额巨大，对于扩大消费需求、增加就业以及转变经济发展都发挥着巨大的作用。

具体数据如图 4－2 所示。

2. 投资缓慢向生产性和公共性服务业倾斜

全省生产性服务业和公共性服务业投资比重分别由 2012 年的 13.87％和 23.56％逐渐增加到 2018 年的 21.45％和 28.57％，投资缓慢向生产性和公共性服务业倾斜。具体来看，生产性服务业投资所占的比重在 2012—2016 年一直在不断增加，且增速越来越明显，最高增

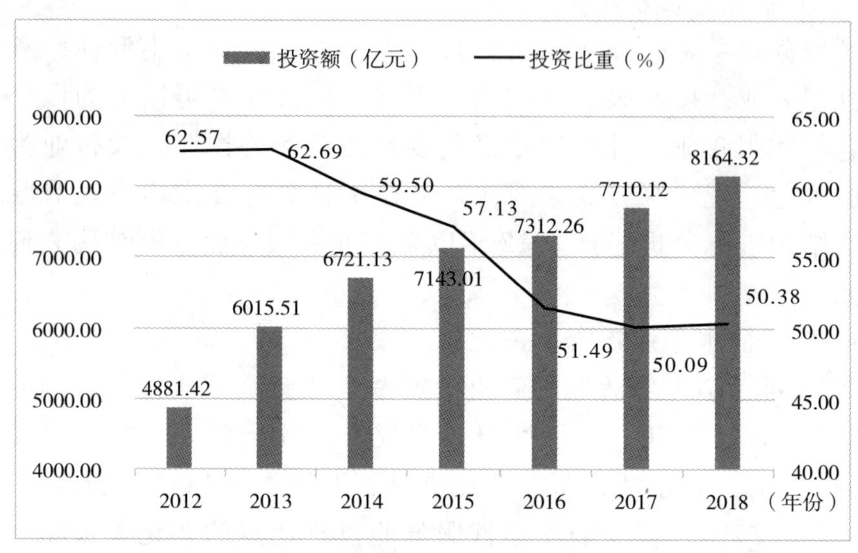

图 4-2 2012—2018 安徽省生活性服务业投资额与投资比重变化

速达到 18%；但 2017 年投资比重有了较小幅度的下降，之后维持在 21%左右的水平。而公共性服务业投资比重在 2012—2014 年增速平稳，在 2015 年有明显的回落，比重降至 22.93%，达到年度内最低值；之后在 2016 年投资比重开始回升，发展势头良好；2017 年迅速达到 28.7%，比重提高了 2.94 个百分点。

2018 年，全省生产性服务业投资占比为 21.45%，公共性服务业投资占比为 28.17%，这两大服务业构成了国民经济生活的另一半。其中，水利环境和公共设施管理业、交通运输仓储邮政业投资分别占到服务业投资的 22.38%和 12.86%，仅低于排名第一的房地产行业，成为服务业投资规模前三大的行业。以房地产业为代表的生产性服务业和公共性服务业投资比重的增加说明生产部门的需求正在进一步发展，尤其是信息科技类产业。而人们也不单单追求文化生活需要，对于医疗卫生、教育、社会保障等需求有了更多的关注。

具体数据如图 4-3 所示。

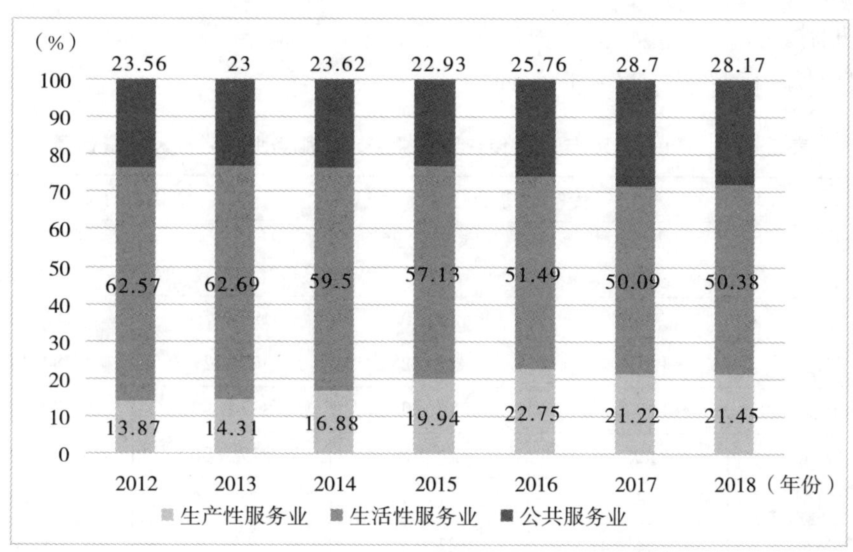

图 4－3 2012—2018 年安徽省不同类型服务业投资结构变化

3. 传统和现代服务业投资比重在不断调整中

2011—2015 年，全省传统服务业投资额增长了大概 2 倍，在 2015 年末达到了 2680.54 亿元，增速也首次突破了 20％。2016 年，传统服务业投资额与投资比重没有明显的突破与变化，仍维持在 2015 年的水平。但 2017—2018 年，传统服务业投资额有所下降，这与“十三五”规划提出要提高服务业产业层次、加快推进传统服务业向现代服务业转化有关。

而现代服务业投资额从 2011 年的 4919.7 亿元增加到 2018 年的 13681.86 亿元，年平均增速为 25％左右。投资比重在 2011—2018 年期间变动不大，在 2012 年，传统服务业投资发展有了暂时性的好转，比重开始突破 84％；2013—2016 年，投资比重不断下降，直到 2017 年，现代服务业投资比重开始回升。

2018 年，全省传统服务业增加值为 3536.36 亿元，投资贡献率为 36.14％；现代服务业增加值为 9829.89 亿元，投资贡献率为 34.08％。现代服务业增加值约为传统服务业的 2 倍，对国民生产总值的贡献显著，但投资贡献率略低于传统服务业，表明安徽现代服务业对于投资的转化与利用率不高，需要进一步改善现代服务行业的投资利用机制。

具体数据详见表 4－1 所列。

表 4－1　2011—2018 年安徽传统服务业和现代服务业投资额和投资比重

年份	传统服务业		现代服务业	
	投资额（亿元）	投资比重（%）	投资额（亿元）	投资比重（%）
2011	965.27	16.40	4919.70	83.60
2012	1226.63	15.72	6575.27	84.28
2013	1563.29	16.29	8032.90	83.71
2014	2125.95	18.82	9170.58	81.18
2015	2680.54	21.44	9822.32	78.56
2016	3043.46	21.43	11158.95	78.57
2017	2832.78	18.40	12561.01	81.60
2018	2523.61	15.57	13681.86	84.43

数据来源：各年《安徽统计年鉴》和安徽省统计局网站。

（三）不同地级市服务业投资状况

安徽省不同地级市的服务业投资差距比较明显，但最近几年有逐渐缩小的趋势。2018 年，合肥、芜湖和阜阳的三产投资总额最高，分别为 4040.95 亿元、1380.94 亿元和 1399.29 亿元，与之对比有明显差距的为淮北、淮南和池州，投资额分别只有 526.30 亿元、516.26 亿元和 298.26 亿元，极差值达到 3742.69 亿元。2018 年合肥投资额是其余 15 个市投资额平均值的 4.9 倍。究其原因，一方面是因为合肥充分利用了省会的资源与政策优势，服务业发展领先于省内其他城市；另一方面，部分市地理区位优势较差，在资源等要素的集聚和吸引方面缺乏动力，又无政策的支持。

2018 年，阜阳、宿州和黄山的第三产业投资增速最快，分别为 19.1%、16.4%和 14.6%，显著快于合肥和全省水平，说明其他各地级市正积极努力缩小与合肥之间的差距，省政府也开始注重调节各地服务业之间的资源配置与地区带动策略。但宣城、淮南和马鞍山的第三产业投资增速严重下滑，分别为－7.8%、－7.9%和－9%。

从投资比重上来看，2012—2018年，安徽大部分城市都有了一个明显的变化。其中，变化最明显的是六安和池州，六安服务业投资所占比重由47.96％增加到60.46％，比重增加了12.5％；池州服务业投资所占比重由49.01％减少为37.23％，比重下降了11.78个百分点。投资比重的变化从某种程度上反映了安徽各地级市三产结构的调整情况。六安经济的快速发展给全市产业发展创造了一个良好的投资环境。而池州作为皖南丘陵山区的典型代表之一，由于缺少独特的发展资源以及不合理的人口与资源规划，服务业投资所占比重呈现出下降的趋势。

具体数据详见表4-2、表4-3所列。

表4-2　2018年安徽各地级市三产投资对比

	三产累计投资额（亿元）	居全省位次	三产累计同比增长（％）	增幅居全省位次
全　省	16255.84	—	5.6	—
合　肥	4040.95	1	3.4	10
淮　北	526.30	14	10.7	5
亳　州	702.76	9	7.8	7
宿　州	664.08	12	16.4	2
蚌　埠	1143.99	5	4.8	9
阜　阳	1380.94	3	19.1	1
淮　南	516.26	15	－7.9	15
滁　州	1148.33	4	5.7	8
六　安	822.74	7	10.1	6
马鞍山	900.62	6	－9.0	16
芜　湖	1399.29	2	2.9	11
宣　城	682.26	10	－7.8	14
铜　陵	674.90	11	12.4	4
池　州	298.26	16	－1.4	13
安　庆	759.89	8	2.3	12
黄　山	558.90	13	14.6	3

数据来源：安徽省统计局网站。

表 4-3 2012—2018 年安徽各地级市服务业投资占比 (%)

	2012 年	2013 年	2014 年	2015 年	2016 年	2017 年	2018 年
合 肥	59.38	60.70	62.61	64.10	63.87	61.53	59.40
淮 北	37.96	40.80	37.72	34.51	41.41	45.03	45.65
亳 州	53.93	55.77	61.32	57.52	59.40	61.09	55.8
宿 州	38.45	41.12	39.99	39.05	41.74	40.66	40.98
蚌 埠	51.85	57.29	58.62	54.16	53.79	57.07	52.47
阜 阳	60.52	62.02	62.41	61.83	66.45	71.02	69.28
淮 南	55.29	52.64	51.19	52.57	60.94	54.86	49.34
滁 州	52.35	47.03	47.68	47.26	46.64	51.72	51.58
六 安	47.96	47.54	51.35	52.91	60.27	61.22	60.46
马鞍山	47.56	51.65	50.38	46.23	45.11	43.87	36.26
芜 湖	48.05	48.33	48.13	46.10	43.02	40.69	38.16
宣 城	46.81	45.72	50.45	48.67	48.26	46.82	37.57
铜 陵	51.24	50.07	51.49	48.93	46.21	46.33	46.16
池 州	49.01	43.61	39.92	40.35	43.59	42.33	37.23
安 庆	41.25	42.21	38.69	36.11	39.99	42.91	38.98
黄 山	72.63	76.16	78.49	80.25	77.29	75.39	75.13
全 省	51.82	52.58	53.14	52.17	53.08	52.74	49.82

数据来源：各年《安徽统计年鉴》、安徽省统计局网站。

二、服务业投资环境分析

经济发展新常态下，安徽产业发展向中高端迈进，以服务驱动为新特征的产业发展尤为明显。而“一带一路”倡议以及长江经济带、全面创新改革试验等国家重大战略的深入实施，也给服务业投资环境的改善带来了前所未有的机遇。下面从安徽服务业的投资现状和特点出发，将影响安徽服务业投资的因素主要概括为经济环境和政策环境两个方面。

（一）经济环境分析

经济环境作为影响投资者决策的关键因素，能够帮助投资者考察一个地区的经济发展水平。一般而言，经济发展水平越高，人们的生活水平就越高，购买力就越强，对服务的需求层次也就越高。需求能够拉动投资，从而对投资者的吸引力就越强。从该方面考虑，我们认为影响服务业投资的经济环境因素主要有：

1. 城镇化水平

2018 年，安徽常住人口由 6255 万人增加到 6324 万人，城镇化率达到 54.69%，增长了 1.2%；第三产业增加值为 13526.72 亿元，增长 8.6%。

2018 年，合肥城镇化率为 74.97%，在 16 个地级市中最高，而其三产增加值和三产投资额也为安徽第一，因为合肥作为安徽省会，是经济中心城市，集聚了区域金融、贸易、生产生活等多种服务业需求。但除个别城市外，那些具有高城镇化水平的城市，像马鞍山、芜湖、蚌埠均在某种程度上促进了第三产业增加值或投资额的变化；相反，那些城镇化水平较低的城市，其第三产业的发展相对缺乏优势，比如亳州、宿州。

具体数据详见表 4-4 所列。

表 4-4　2018 年安徽各地级市城镇化水平与三产投资

	三产增加值（亿元）	三产投资额（亿元）	城镇化率（%）
合肥市	3933.07	4040.95	74.97
淮北市	379.90	526.30	65.60
亳州市	570.00	702.76	41.00
宿州市	776.03	664.08	42.74
蚌埠市	744.48	1143.99	57.22
阜阳市	711.60	1380.94	43.29
淮南市	483.10	516.26	64.11
滁州市	650.90	1148.33	53.42
六安市	568.30	822.74	46.10
马鞍山市	803.29	900.62	68.25
芜湖市	1434.86	1399.29	65.54
宣城市	540.20	682.26	55.21
铜陵市	460.30	674.90	56.00
池州市	320.30	298.26	54.10
安庆市	761.30	759.89	50.23
黄山市	384.40	558.90	51.46

数据来源：安徽省统计局网站。

2. 三次产业的结构比重

一般意义上而言，一个地区的一、二、三产的生产并非是独立进行的，它与当地的产业发展重点有着相互的联系。服务业生产需求包括服务于第一产业部门、第二产业部门以及第三产业部门的服务需求。像第一产业部门中关于农用物品的物流输送，第二产业部门中，大机器设备的更新及相关技术研发等，与交通运输、仓储和邮政业、科学研究和技术服务业的联系非常密切。也就是说，不同产业部门增加值的变化都会影响到服务产业的生产和投资需求。

2016年，安徽三次产业增加值分别为2567.7亿元、11666.6亿元和9883.6亿元，三次产业结构由上年的11.2∶49.7∶39.1调整为10.6∶48.4∶41，第三产业比重增加了1.9个百分点。2017年，安徽三次产业增加值分别为2611.7亿元、13486.6亿元和11420.4亿元，三次产业结构调整为9.5∶49∶41.5，第三产业比重提高了0.5%。2018年，第一产业增加值2638.01亿元，增长3.2%；第二产业增加值13842.09亿元，增长8.5%；第三产业增加值13526.72亿元，增长8.6%。三次产业结构为8.8∶46.1∶45.1，其中第三产业比重显著提高了3.6个百分点，且服务业增加值占比与全国差距由上年的9个百分点缩小到7.1个百分点。2016—2018年，全省第三产业投资额分别为14202.4亿元、15393.79亿元、16255.84亿元，投资增速显著提高。

这一方面说明安徽省三次产业结构在不断优化中，与我国产业结构7.2∶40.7∶52.2不断接近；另一方面可以发现随着第二产业和第三产业比重的接近，第三产业的投资需求大大提高了。与以往的工业企业相比，现代工业企业的生产服务需求在不断地提高。所以，地区第一产业、第二产业的发展水平，在一定程度上决定了对于生产服务的需求量，由此也会影响服务业的投资需求。

3. 地区居民生活水平

一般而言，家庭消费水平的高低主要与个人偏好及家庭收入有关。恩格尔定律认为，当家庭收入逐渐增加时，其中用于食品等必需品的消费支出占家庭收入的比重会有所下降，用于住宅建设方面的支出占家庭收入的比重基本稳定，用于日常娱乐活动，像服装、娱乐、医疗、教育方面的支出占家庭收入的比重会有所上升。可见，随着收入的逐渐增加，个人和家庭对于服务方面的需求绝对量会上升。

2016—2018年，安徽城镇常住居民恩格尔系数分别为32.5%、32.1%和31%，恩格尔系数呈现逐渐下降的变化趋势，尤其是2018年下降了1.1个百分点，说明安徽省居民的家庭收入水平正在不断提升，生活水平不断改善。2018年安徽居民人均消费支出21523元，其中，食品烟酒支出增长0.1%，衣着支出增长7.6%，居住支出增长15.9%，生活用品及服务支出增长8.8%，交通和通信支出下降9.7%，教育文化娱乐支出与上年持平，医疗保健支出增长11.4%，在服务业方面的需求有了明显的提升。地区居民收入水平和消费水平可以较为真实地衡量出一个地区的服务业消费需求的潜力，有利于刺激对服务业的投资需求。

（二）政策环境分析

政策环境作为投资软环境的重要表现，对现代服务业发展起着关键作用，而现代服务业是依托信息技术不断发展起来的，地方政府必须在税收、市场等相关方面给予政策支持，才能充分吸收资源，加快现代服务业发展，促进产业结构升级，提升全省经济竞争力。影响安徽服务业投资环境的政策因素可以概括为以下几个方面：

1. 政府对科研创新的投入力度

服务业，尤其是现代服务业，是在现代管理理念和信息技术的基础上发展起来的。政府对科研创新方面的投入力度大小将直接影响到现代服务业提质提量。发展中国家的第三产业相对比较落后，要想使经济持续增长，必须要通过科学研究和技术创新来增强国际市场竞争力。安徽在2018年出台的《加快发展现代服务业若干政策》中提出，要积极推进安徽服务业自贸区试点经验复制推广，通过对试点地区给予最高400万元奖补、对企业所得税按15%税率征收的激励措施来鼓励技术先进型服务企业进行创新。此外，还出台相关政策，积极发展新型科技服务业态，推动技术集成创新和商业模式创新，力求在2020年基本形成覆盖全省科技创新全链条的科技服务体系。

2. 政府对市场的干预程度

市场在资源配置中起决定性作用，一般情况下，市场能够很好地进行社会资源的配置。安徽服务业的对外开放是渐进的，从一开始设置严格的市场准入标准和注册条件到拓宽准入领域、鼓励民间资本参与，再到实行税费优惠以及与工业企业同等的政策待遇等，服务业发展潜力逐渐显现，规模效益明显提升。

（三）不同地级市投资环境分析

为了更全面地了解安徽各地级市的服务业投资环境状况差异，利用层次分析法对 16 个地级市的投资环境进行综合分析，试图找出各地级市服务业投资环境所存在的问题。

1. 指标体系构建

综合考虑影响服务业投资环境的各方面因素，并结合安徽实际情况，选取了包括经济环境、社会环境和科研创新环境等在内的 15 个指标，对安徽各地级市服务业投资环境进行综合评价，见表 4－5 所列。

2. 综合评价得分计算及分析

（1）各地级市服务业投资环境综合评价得分

将表 4－5 中整理所得的安徽各地级市 2018 年数据进行预处理，利用标准差标准化方法来去除量纲的影响，再将处理后的数据导入 SPSS 软件中，进行因子分析，得出 2018 年安徽各地级市服务业投资环境综合评价得分，见表 4－6 所列。

表 4－5　安徽各地级市服务业投资环境评价指标体系

目标层	准则层	方案层
服务业投资环境	经济环境	第三产业 GDP
		第三产业 GDP 增速
		第三产业增加值占 GDP 的比重
		第三产业固定资产投资
		实际利用外资

（续表）

目标层	准则层	方案层
服务业投资环境	社会环境	第三产业财政支出总额
		第三产业年平均从业人员
		规模以上服务业应付职工薪酬
		居民储蓄存款余额
		货物运输量
		第三产业用电量
	科研创新环境	R&D经费支出
		专利授权数
		普通高中在校学生数
		每万人拥有的医疗机构数量

表 4-6　2018 年安徽各地级市服务业投资环境综合评价得分

城市	综合得分	排　名
合肥	1.4690	1
铜陵	0.6538	2
芜湖	0.6237	3
马鞍山	0.3457	4
蚌埠	0.1655	5
淮南	0.0683	6
淮北	−0.0129	7
滁州	−0.0825	8
安庆	−0.1823	9
宣城	−0.2756	10
池州	−0.2896	11
黄山	−0.3328	12
阜阳	−0.3820	13
六安	−0.4243	14
宿州	−0.5376	15
亳州	−0.6675	16

通过表 4-6 可以发现，合肥、铜陵、芜湖、马鞍山、蚌埠和淮南的综合得分较高，服务业投资环境有优势；相反，六安、宿州和亳州的综合得分比较低，现代服务业发展比较落后。

（2）各地级市服务业投资环境评价

为了具体地了解安徽各地级市服务业投资环境竞争力水平的差异，以安徽各地级市的服务业投资环境综合得分为基础进行聚类分析，将其划分为四类，见表 4-7 所列。

表 4-7 安徽各地级市服务业投资环境划分

类 型	地 区
投资环境竞争力强	合肥
投资环境竞争力较强	芜湖、铜陵、马鞍山、蚌埠
投资环境竞争力一般	淮南、淮北、滁州、安庆
投资环境竞争力较弱	宣城、池州、黄山、阜阳、六安、亳州、宿州

根据表 4-6、表 4-7，安徽四种类型地区的服务业投资环境情况如下：

一是，投资环境竞争力强的地区。合肥作为省会城市，在政策与财政支持方面享有较大的优势地位，对资源等要素的聚集吸引能力较强，有很好的发展优势和发展潜力，因而其服务业投资环境竞争力强。经过改革开放多年的发展，有着雄厚的经济基础和明显的科教优势，服务业劳动力素质提升，对合肥经济增长的贡献日益显著。2017 年，合肥市第三产业就业人员约为 271.9 万人，第三产业增加值达到 3297.6 亿元，占 GDP 的 47.09%；2018 年，合肥市第三产业就业人员约为 297.17 万人，第三产业总值达到 3933.1 亿元，占 GDP 的 50.28%，第三产业对合肥市经济的贡献度越来越大。同时，合肥服务业投资发展也处在加速阶段，传统服务业逐步转型升级，现代服务业加速发展，经济发展前景广阔。

二是，投资环境竞争力较强的地区。芜湖、铜陵、马鞍山和蚌埠作为第二类地区，它们的服务业投资环境竞争力比较强。主要是因为这些地区在发挥自身的区位优势和资源优势的基础上，能够充分利用政府给予的优惠和相关政策，加快本地区服务业的发展。“十二五”期间，芜湖服务业投资一直保持较大的数额，其占全部固定资产投资的比重基本保持较高水平，为现代服务业创新发展不断增加了动力。2018年，芜湖市金融、现代物流、文化创意、服务外包和旅游等五大重点现代服务业企业共实现营业收入697.64亿元，同比增长10.2%。而马鞍山、铜陵、蚌埠作为安徽老工业基地，工业基础比较雄厚，对生产性服务业的需求相对比较旺盛。以铜陵为例，铜陵拥有丰富的矿产资源，第二产业发展迅速，但第三产业发展不足。尤其是传统服务业，其比重占60%以上，而现代服务业，如金融保险、信息服务等高附加值的服务企业数量少、水平低。缺乏服务业与工业统筹协调发展的认识与战略思路，在一定程度上影响了服务业的投资发展。2018年，铜陵服务业固定资产投资增长8.6%，低于第一产业、第二产业的投资增速。因此，铜陵应紧密依托第二产业与第三产业的联系，加快产业结构升级，大力发展第三产业，特别是现代服务业，保持经济健康稳定快速发展。

三是，投资环境竞争力一般的地区。淮南、淮北、滁州、安庆为第三类地区，这类地区的投资环境优势比较一般，主要是这些地区的产业结构规划不合理、产业层次低，从而导致服务业发展后劲不足。以淮南为例，淮南作为一个典型的煤炭城市，主导产业一直是煤炭开采业、电力工业和煤化工三大支柱产业，新兴产业没有同步跟进，城市产业结构不大合理。另外，合淮同城化的趋势越来越明显，不少合肥服务业的企业发展受到土地、资源等多方面的约束，开始向淮南扩张，虽然改善了淮南的服务业投资环境，但同时也挤压了淮南当地的服务业发展空间。

四是，投资环境竞争力较弱的地区。其他市为第四类地区，这些地区传统农业比重大、工业生产方式落后、基础设施落后、缺少高素质劳动力、发展水平较低。这些地区应充分利用自身优势，促进经济发展方式合理转变。以亳州市为例，亳州市服务业投资虽然占全市总量的比重较大，但是总量水平相对较低。另外，其服务业行业发展不均衡，传统服务业仍是支撑服务业增长的主要力量，可以发现，2018

年传统服务业中的交通运输和仓储邮政业、住宿和餐饮业、批发和零售业等 3 个行业所占比重达到 11%，明显超过安徽平均水平，同时现代服务业尤为薄弱，而且服务质量不高，服务行业面临着“提速提质”的双重任务。

第二节　安徽服务业投资效率对比分析

近年来，安徽服务业正大步迈向大发展和高水平阶段，而服务业增加值受到诸多因素的影响，尤其是投资效率。为此，本节以 2018 年服务业相关数据为基础，来研究安徽服务业的投资效率，并对比分析安徽与中部其他省份以及安徽 16 个地级市的投资效率情况，试图找出它们之间的差异。

一、安徽与中部其他省份服务业投资效率对比分析

处于工业发展中后期的中部六省，服务业对经济增长的贡献率处于上升趋势，而抢占服务业高地与亮点成为这些传统资源大省的共识。2018 年安徽第三产业对经济增长的贡献率在中部省份中位列第五。因此，利用 DEAP 软件来研究中部六省的服务业投资效率，对于扩大服务业投资的融资渠道以及促进安徽服务业快速增长，有着重要的意义。

（一）研究指标选取

服务业投资效率评价指标包括投入指标和产出指标，依据服务业投资发展的现状和特点，在考虑数据的准确性、可操作性以及适宜性的基础上，选取了三个指标来定量测度服务业投资效率水平，具体指标如下：

(1) 投入指标。选取的投入指标分为资金投入和人力投入两大类，其中，资金投入为固定资产投资额，人力投入为第三产业年末从业人员数量。

(2) 产出指标。选取地区第三产业增加值作为产出指标，反映各地区服务业生产活动提供产品或服务的经济价值。

2018 年中部六省服务业投资支出见表 4 - 8 所列。

表 4 - 8　2018 年中部六省服务业投资支出

省　　份	三产增加值（亿元）	固定资产投资额（万元）	年末从业人员数（万人）
安徽	11420.40	15393.79	1755.10
河南	19198.68	22587.40	2168.00
湖北	16503.40	17723.86	1493.00
湖南	16755.10	18706.40	1430.89
江西	8892.60	9441.20	1028.30
山西	8013.90	3108.50	759.70

数据来源：各省统计局网站。

（二）模型设定

DEA 主要原理是借助线性规划和一组关于输入、输出的统计数据来估计该研究对象的生产前沿面，并且通过将各个决策单元投影到该生产前沿面上，来比较和评价决策单元的相对有效性。常用的 DEA 模型有以投入为导向或以产出为导向的 CCR、BCC 等，基于所研究的问题现状和特点，采用以投入为导向的 BBC 模型，探究在可变规模报酬下，安徽服务业投资效率是如何作用的。

DEA 方法在处理数据时具有单位不变性，不需要人为事先设定相关权重，且能适应比例数据和非比例数据，因此决策单元的投入与产出指标值无须进行去量纲化处理。于是，可以直接将整理所得的数据带入 DEAP 2.1 软件进行求解，经过 DEA 计算分析得到各省份的投资效率结果，包括技术效率、纯技术效率、规模效率以及规模报酬所处状态。其中，技术效率，也称为综合技术效率，它等于规模效率与纯技术效率的乘积，反映了各省服务业对投资资源的配置能力和使用效率水平；纯技术效率反映在规模报酬不变的条件下，制度和管理水平等因素所带来的服务业投资效率水平的变化；规模效率反映各省服务业企业规模大小等因素所影响的生产效率，反映了实际规模与最优生产规模之间的差距；规模报酬反映了企业生产所处的阶段，能够帮助企业确定下一步的生产计划。

2018 年中部六省服务业投资效率评价结果详见表 4 - 9 所列。

表 4 - 9 2018 年中部六省服务业投资效率评价结果

省份	技术效率	纯技术效率	规模效率	规模报酬
安徽	0.583	0.590	0.988	递减
河南	0.779	1.000	0.779	递减
湖北	0.957	1.000	0.957	递减
湖南	1.000	1.000	1.000	不变
江西	0.772	0.804	0.959	递增
山西	1.000	1.000	1.000	不变
平均值	0.848	0.899	0.947	—

注：技术效率值等于纯技术效率和规模效率的乘积。

从表 4 - 9 可知，2018 年中部六省的技术效率平均值为 0.848，纯技术效率平均值为 0.899，规模效率平均值为 0.947，整体处于较高水平。

其中，安徽省的技术效率值为 0.583，显著低于平均值水平，与湖南、山西之间有较大的差距，说明安徽服务业对投资资源的配置与使用存在着较大的不合理性，没有考虑到服务业内部的行业结构特征和发展重点，应该学习湖南和山西的相关资源配置经验。同时，安徽的技术效率值与同样非 DEA 有效的河南、湖北和江西相比，也存在着明显的差异，可见安徽在中部六省的服务业投资优势竞争中处于下风，需要对服务业的资源配置结构与效率进行调节和优化。

在纯技术效率水平方面，安徽仍然处于劣势地位，与中部六省的平均水平还有较大的差距，反映了在不考虑企业规模的情况下，安徽省政府的制度制定和管理效率还有待提高。

从规模报酬上看，只有江西处于规模报酬递增状态，而安徽与其他省份均处于递减状态，说明安徽还没达到服务业生产的最优阶段，应该加大服务业资金投入力度和扩大服务业规模来提高投资效率。

二、各地级市服务业投资效率对比分析

近几年，安徽通过有效投资引导经济结构不断优化，确保全省固

定资产投资平稳较快增长。而安徽各地级市的三产投资额和投资结构有所差异，从而各地级市的投资效率也明显不同。因此，为了缩小安徽各地级市服务业的投资水平差异，促使服务业健康发展，笔者对安徽各地级市的投资效率水平进行了分析。

从《安徽省统计年鉴》和各地级市统计公报上获取所需的投入数据和产出数据（表 4 - 10），利用 DEAP 2.1 软件，采用以投入为导向的 BCC 模型，将 2018 年安徽 16 个城市投入和产出的相关数据带入求解，经过 DEA 计算分析得到各地级市的投资效率结果，见表 4 - 11 所列。

表 4 - 10　2018 年安徽省各地级市服务业投资支出

城市	三产增加值（亿元）	固定资产投资额（万元）	年末从业人员数（万人）
合肥市	3297.62	39080759	271.90
淮北市	317.70	4754251	44.70
亳州市	499.90	6519104	139.60
宿州市	669.73	5705176	127.00
蚌埠市	664.03	10915904	82.80
阜阳市	623.10	11594805	243.70
淮南市	437.30	5605466	90.60
滁州市	561.70	9976825	90.90
六安市	484.40	7345868	171.20
马鞍山市	663.50	9896876	60.10
芜湖市	1219.45	13598513	108.90
宣城市	486.10	7399800	79.40
铜陵市	381.50	6214558	50.60
池州市	284.10	3024927	43.40
安庆市	686.40	7428101	118.40
黄山市	332.20	4876965	39.30

数据来源：《安徽统计年鉴》，安徽省统计局网站。

表 4-11　2018 年安徽省各地级市服务业投资效率评价结果

城市	技术效率	纯技术效率	规模效率	规模报酬
合肥	1.000	1.000	1.000	不变
淮北	0.723	0.907	0.797	递增
亳州	0.663	0.694	0.955	递增
宿州	1.000	1.000	1.000	不变
蚌埠	0.695	0.777	0.894	递增
阜阳	0.467	0.470	0.994	递增
淮南	0.739	0.767	0.964	递增
滁州	0.613	0.663	0.925	递增
六安	0.562	0.601	0.934	递增
马鞍山	0.910	1.000	0.910	递增
芜湖	1.000	1.000	1.000	不变
宣城	0.692	0.722	0.958	递增
铜陵	0.683	0.857	0.796	递增
池州	0.921	1.000	0.921	递增
安庆	0.879	0.886	0.992	递增
黄山	0.759	1.000	0.759	递增
平均值	0.769	0.834	0.925	—

注：技术效率值等于纯技术效率和规模效率的乘积。

由表 4-11 可知，在不考虑外部环境等其他因素的作用下，安徽各地级市服务业投资技术效率平均值为 0.769，纯技术效率平均值为 0.834，规模效率平均值为 0.925，技术效率比较低，并且规模效率水平高于纯技术效率水平，说明规模效率处于主要地位，纯技术效率处于次要地位，因此，一般程度上，安徽应考虑从制度和管理等方面来提高安徽服务业投资与生产效率。

合肥、宿州和芜湖的综合技术效率为 1，表明了这几个城市的服务业投资效率处在生产前沿的条件上，即目前的技术是有效的。在合肥都市圈的作用下，省会城市作为安徽经济与贸易中心，承担着来自安徽各地级市以及周边地区的各种交易需求，服务业比较发达；同时能够吸引大量的资源，地区内服务业竞争力强，有利于投资资源在企业间以及不同产业间的自发流动，使资源配置达到最优。芜湖一直以来都是安徽的第二大城市，作为“一核两极”中的其中一极，其现代服务业，尤其是金融业和科技服务业，一直呈现快速发展的态势，并且也带动周边地区的发展，例如马鞍山、池州等市的投资效率也处于较高水平。

安徽各地级市之间的技术效率水平差异比较大，阜阳竟不足 0.5，这主要是因为阜阳交通不便捷，给地区产业的引进和“走出去”带来较大的障碍。而其他城市，像六安、滁州，缺乏独特的产业发展特色，地区吸引外资的能力较弱而无法提高效率水平。由此可见，安徽省各地级市在投资分配制度和管理水平方面还需要很大的提升。

而从规模报酬上看，除合肥、宿州和芜湖外，安徽其他地级市的服务业均处于规模报酬递增的阶段，说明安徽服务业整体投资水平呈现出良好态势。

第三节　安徽服务业投资存在问题和对策建议

2018 年是安徽服务业赶超发展的重要机遇期，但必须看到，受经济发展水平、资源要素、政策支持等诸多因素的影响，服务业投资发展还存在不少困难和问题，如何解决这些问题就显得尤为重要。因此，本节通过分析当前安徽服务业投资存在的问题，试图提出相关的建议来加快安徽服务业投资发展。

一、服务业投资存在的主要问题

通过对安徽服务业的投资发展现状进行分析，笔者发现安徽服务业的投资主要存在以下四个主要问题。

（一）总体投资水平不高

安徽服务业投资规模在 2018 年有了明显的改善，但从投资积累水平上来看，与发达地区相比仍然差距明显，人均资本积累水平偏低。

1. 与全国平均水平对比分析

通过对比服务业固定资产投资指标来看，2018 年安徽服务业固定资产投资增速明显高于第一产业和第二产业固定资产投资的增速，且高于全国固定资产投资增速。考察 2012—2018 年，安徽服务业全社会固定资产投资年均增速为 12.26%，比全国固定资产投资的年均增速低 1.98 个百分点，且明显低于第一产业、第二产业固定资产投资的年均增速。在“十二五”期间，2011 年安徽服务业固定资产投资增长率为负值，较 2010 年的固定资产投资下降 2.1%；2012 年安徽服务业固定资产投资增长显著，达到 18.6%，高于第二产业固定资产投资增速；2013 年服务业固定资产投资增长率开始高于全国固定资产投资增长率，且增速一度紧逼第一产业和第二产业投资增速。此后，2016—2018 年，安徽服务业投资增速保持在 11%左右，均高于全国水平，且三产之间的投资增速越来越接近。

具体数据详见表 4－12 和表 4－13 所列。

表 4－12 2011—2018 年安徽和全国服务业投资增速对比 （%）

年份	2011	2012	2013	2014	2015	2016	2017	2018
安徽	－2.1	18.6	23	17.7	10.7	13.6	11	5.6
全国	21.1	20.7	20.4	16.4	10.2	10.4	9.2	5.5

表 4－13 2011—2018 年安徽省三次产业投资增速 （%）

年份	2011	2012	2013	2014	2015	2016	2017	2018
第一产业	－20.5	72.7	28.9	39.2	40.8	6.6	－4.6	33
第二产业	8.4	14.3	18.9	13.9	13.6	9.7	12	24.6
第三产业	－2.1	18.6	23	17.7	10.7	13.6	11	5.6

2. 与中部六省对比分析

为综合、全面地评价安徽服务业投资的总体水平，将中部六省（江西省、安徽省、山西省、河南省、湖北省、湖南省）服务业投资水平进行对比分析，以便找到安徽服务业的差距。从投资总额来看，2011—2018 年，中部六省的服务业投资总额逐年增长。2011—2014

年，安徽省投资总额位于第三的位次，但 2015—1018 年，安徽投资总额有所下降，被湖南省反超，位于第四的位次。2018 年，河南省服务业投资总额为 48542.74 亿元，湖北省服务业投资总额为 34741.1 亿元，湖南省服务业投资总额为 31860.66 亿元，江西省服务业投资总额为 23708 亿元，山西省服务业投资总额为 6523.26 亿元，安徽省服务业投资总额为 30430.09 亿元。安徽服务业投资总额在中部六省中常年居于第四的位次，比位居第一的河南省投资总额少 18112.65 亿元，比位居第二的湖北省投资总额少 4311.01 亿元，约是山西省服务业投资总额的 4.7 倍。

从投资增速来看，安徽经历了三个不同的阶段。2012 年，安徽省投资增速明显；2013 年，增速变化不明显；2014—2018 年，投资增速开始下降，除山西省外，与其他几省的投资增速变化趋势基本相同，如图 4－4 和图 4－5 所示。从各地统计局的分析来看，这主要是因为基础设施和工业投资的回落所带来的整体投资水平的降低。因而，经过比较发现，安徽省服务业投资总体水平不高，投资增速有所放缓，与中部其他省份相比还存在明显的差距，但同时也说明安徽未来服务

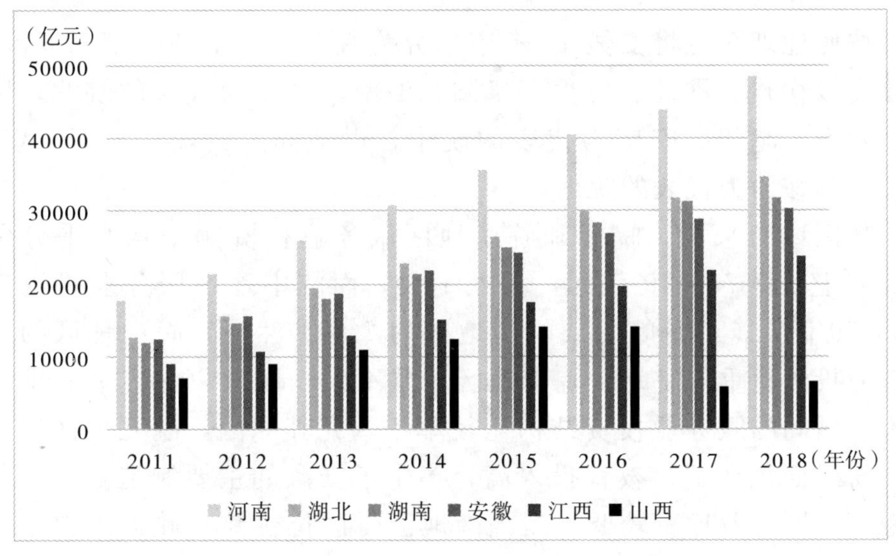

图 4－4　2011—2018 年中部六省服务业投资总额变化

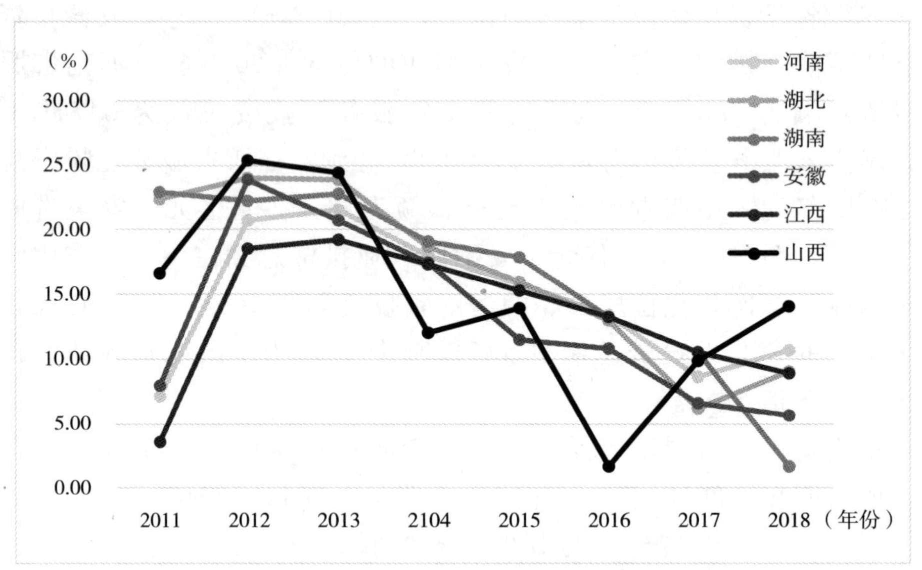

图 4-5　2011—2018 年中部六省服务业投资额增速变化

业投资的提升空间很大，“河南模式”“湖北模式”中关于促进服务业投资发展的一些好的做法和经验都值得安徽借鉴和学习。

（二）区域投资水平不平衡

按照地理区位将安徽 16 个市划分为皖北、皖中和皖南三大区域，具体为以宿州、淮北、蚌埠、阜阳、淮南、亳州为代表的皖北；以合肥、六安、滁州、安庆为代表的皖中；以池州、铜陵、芜湖、宣城、黄山、马鞍山为代表的皖南。

从区域间来看，皖北和皖南地区服务业投资额平均水平分别为 751.58 亿元、750.19 亿元，相差不大，而皖中地区服务业投资额为 1595.79 亿元，约是皖北或皖南地区的 2 倍。然而，皖中地区的现代服务业投资比重与皖北、皖南地区相差不大，均为 20％左右，即安徽三大区域间的服务业投资结构比较单一。究其原因，皖北地区铁路发达、耕地面积辽阔、教育投入高，集中了安徽的主要制造业，工业基础深厚，服务业比重较低；而皖南地区受区位优势、政策历史等因素影响，经济发展相对较快，同时由于皖南地区毗邻江浙沪等发达地区，在产业转移的推动下，能够很好地吸收外部投资，服务业投资发展相对比较快。

从区域内来看，皖北地区各地级市的服务业投资额分为两极，一极为以蚌埠、阜阳为代表的高水平区，其投资额超过千亿元；一极为以淮北为代表的低水平区，其投资额只有高水平区的一半，皖北地区内部呈现出高低集聚的特征，地区带动效应不强。皖中地区，除合肥外，其他三市的服务业投资水平差异不明显，整体上比较均衡。而皖南地区，地理位置偏山区的黄山、池州，其服务业投资发展明显落后于其他城市。从城市来看，合肥服务业投资额最高，达到 3908.08 亿元，另外服务业投资额超过千亿元的还有皖北区域的蚌埠、阜阳和皖南区域的芜湖。同时，服务业投资最低的为池州，仅有 302.49 亿元。

可见，安徽服务业投资额在区域间和区域内部的差异都非常明显。因此，安徽应把下一步的工作重点放在协调区域内部服务业投资发展水平上，引导服务业投资良好的区域带动投资滞后的区域发展。

具体数据详见表 4 - 14 所列。

表 4 - 14　2018 年安徽三大区域服务业投资额及构成比例

地　区		第三产业投资额（亿元）	传统服务业		现代服务业	
			投资额（亿元）	投资比重（%）	投资额（亿元）	投资比重（%）
皖北	宿州	570.52	91.13	15.97	479.39	84.03
	淮北	475.43	139.00	29.24	336.42	70.76
	蚌埠	1091.59	157.62	14.44	933.97	85.56
	阜阳	1159.48	251.52	21.69	907.96	78.31
	淮南	560.55	76.74	13.69	483.80	86.31
	亳州	651.91	71.35	10.94	580.56	89.06
	平均值	751.58	131.23	18	620.35	82
皖中	合肥	3908.08	623.01	15.94	3285.07	84.06
	六安	734.59	88.68	12.07	645.90	87.93
	滁州	997.68	98.64	9.89	899.04	90.11
	安庆	742.81	141.65	19.07	601.16	80.93
	平均值	1595.79	238	22.07	1357.79	77.93

（续表）

地区		第三产业投资额（亿元）	传统服务业		现代服务业	
			投资额（亿元）	投资比重（%）	投资额（亿元）	投资比重（%）
皖南	池州	302.49	66.76	22.07	235.74	77.93
	铜陵	621.46	217.10	34.93	404.36	65.07
	芜湖	1359.85	325.39	23.93	1034.46	76.07
	宣城	739.98	219.09	29.61	520.89	70.39
	黄山	487.70	99.75	20.45	387.95	79.55
	马鞍山	989.69	165.36	16.71	824.33	83.29
	平均值	750.19	182.24	25		75

数据来源：安徽省统计局。

（三）内部投资结构不合理

“十三五”时期，为了满足新时代社会主要矛盾转化的要求，安徽将服务业转型升级作为一项关键工作。通过对传统服务业结构的优化，逐渐实现服务业所占比重由数值上的增加向质量和效益提升上转变。从服务业内部结构来看，按照《安徽统计年鉴》上关于服务行业的划分，服务业主要包括交通运输、仓储和邮政业、批发和零售业、住宿和餐饮业等传统服务业和金融业、房地产业以及其他服务等现代服务业。

近年来，安徽传统服务业投资所占比重有所下降，但交通运输、仓储和邮政业投资额所占比重呈现上升趋势，主要是由于电子商务和“互联网＋”的快速发展所带来的物流运输行业的再次繁荣。受国家调控政策和金融行业的监管影响，金融业和房地产业占服务业投资总额的比重逐渐降低，但其两者总体投资额占现代服务业投资总额的比重达到60％，可见在现代服务业中，其他类型的服务业投资发展水平不够，安徽现代服务业内部结构仍然不合理。

具体数据详见表4－15、表4－16所列。

表 4－15　2011—2018 年安徽服务业按行业划分的投资额　　（亿元）

年　份	交通运输、仓储和邮政业	批发和零售业	住宿和餐饮业	金融业	房地产业	其他服务业
2011	559.26	240.36	165.66	57.32	3230.08	1662.30
2012	653.61	357.65	215.36	62.61	4106.30	2406.36
2013	812.53	474.19	276.57	90.86	5013.28	2928.76
2014	1098.69	793.56	233.70	102.39	5405.70	3662.49
2015	1469.77	955.12	255.65	72.00	5635.10	4115.22
2016	1841.42	926.92	275.11	92.05	5763.79	5303.11
2017	2036.46	602.84	193.48	62.11	6551.63	5947.27
2018	2083.30	632.98	206.83	53.29	6931.62	6297.43

数据来源：各年《安徽统计年鉴》，安徽省统计局。

表 4－16　2011—2018 年安徽服务业按行业划分的投资比重　　（%）

年　份	交通运输、仓储和邮政业	批发和零售业	住宿和餐饮业	金融业	房地产业	其他服务业
2011	9.50	4.08	2.81	0.97	54.89	28.25
2012	8.38	4.58	2.76	0.80	52.53	30.84
2013	8.47	4.94	2.88	0.95	52.24	30.52
2014	9.73	7.02	2.07	0.91	47.85	32.42
2015	11.76	7.64	2.04	0.58	45.07	32.91
2016	12.97	6.53	1.94	0.65	40.58	37.34
2017	13.23	3.92	1.26	0.40	42.56	38.63
2018	12.86	3.91	1.28	0.33	42.77	38.85

数据来源：各年《安徽统计年鉴》，安徽省统计局。

（四）投资效益不明显

从投资贡献率来看，安徽主要服务行业有着明显的差距，现代服务业和传统服务业投资占比分别为 84.23%和 15.77%，现代服务业的占比约是传统服务业的 5 倍多，但现代服务业和传统服务业的投资贡献率相差无几，分别为 34.08%和 36.14%。可见，现代服务业中部分行业投资收益较低，资源的利用存在问题，导致整体的投资效率水平明显被拉低。具体来看，金融业作为安徽现代服务业中的重点产业，投资额在逐渐增长的同时，投资收益却收效甚微，为－2.2％。而其他现代服务业，包括科学研究和技术服务业、教育以及计算机服务和软件业，这些技术密集型行业投入了大量的资金，但总的投资贡献率只有25.93％，比传统服务业住宿和餐饮业的投资贡献率还要低。因此，安徽需要进一步加大对金融行业的监管力度。

2018年安徽主要服务业投资贡献率如图4－6所示。

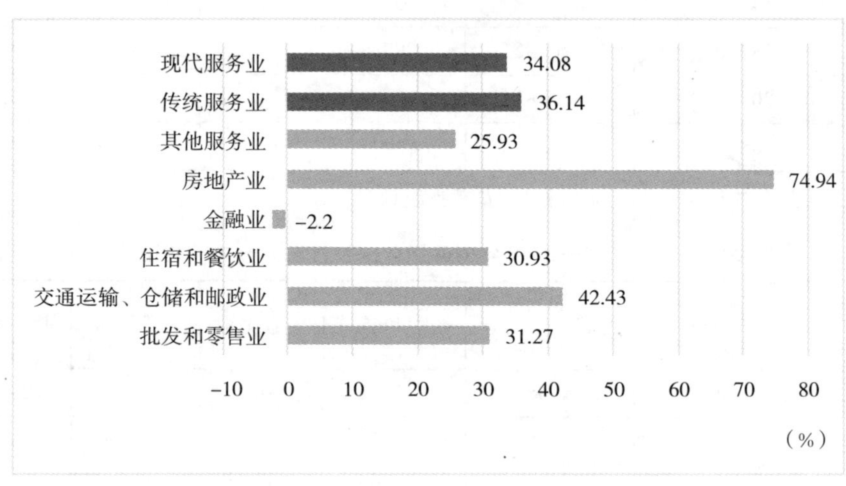

图4－6 2018年安徽主要服务行业投资贡献率

二、优化服务业投资的政策建议

针对安徽服务业存在的问题，笔者从以下几个方面提出相关建议来优化安徽服务业投资环境，从而进一步提高服务业投资水平。

（一）提高城市综合实力

城市综合实力与地区投资环境之间互相联系，一般认为城市综合实力越高，投资环境越好，越容易吸引外来投资。比如，上海之所以被称为“最佳的投资环境地”，其坚实的经济基础是最重要的原因。因此，不断提高城市综合实力是加快服务业投资发展的重要途径之一。

城市的综合实力包括经济总量、经济质量以及整体的协调能力。

经济总量有利于地区发挥集聚和扩散的功能。安徽各地区应坚持继续走新型工业化道路来实现工业强市，将质量和效益放在首位，不断激发经济新活力，发展地区特色产业，从而增强地区竞争力，提升地区经济总量。从安徽各个区域来看，合肥作为省会城市，资源丰富，经济实力较强，而像经济基础比较薄弱的六安、亳州、滁州，应大力夯实经济基础，有序地实现制造业企业向生产性服务业企业的转型。经济质量是城市综合实力不断提高的关键因素。安徽经济质量水平主要体现在软质量方面，比如科技创新投入力度、科技研发人员数量以及从事行业工资、政策环境等。因此，安徽必须大力提升科技实力，引进大量科技人才，推动科研机构和高校科研力量向市场化方面转移。另外，城市综合实力的提高还有赖于社会经济各产业、各部门间的协调与沟通，因此要尤其注重调节不同产业的各种服务需求。

（二）创造良好的服务“软”环境

地区“软”环境的质量是投资者在投资决策时考虑的一项关键因素。安徽各地区可以从以下几个方面来提高服务业环境的质量：一是各地政府应优先进行制度创新，出台有关外商直接投资、民间投资以及个人投资的一系列新的政策规定，必须加大其吸引外资的政策倾斜力度，以良好的政策环境来促使服务业发挥其潜力。二是要制定统一规范的市场准入机制，对于竞争性行业，要恰当性地引入一些企业来加强竞争，从而保持市场活力。三是大力压缩、简化政府行政性审批的程序，尤其是政府对经济事务的行政审批。因为烦琐过多的程序会使投资者望而却步，阻碍外资进入，不利于经济发展。四是培育行业协会，加强服务业监管。加快现代服务业重点行业协会建设进程，充分发挥行业协会的自律、协调和监督作用。

（三）拓宽融资渠道，大力开放，吸引外资

促进现代服务业发展方式由粗放型向集约型转变，必须要有资金支撑。对于急需加强基础设施的经济落后地区，首先要解决的就是融资的问题。拓宽安徽服务业融资渠道可以从以下几个方面着手：一是企业要结合自身发展优势和外部力量，秉承包容、开放、引进的战略思想，加快形成外向型经济发展的新格局，通过增强外资利用率与技

术创新率等举措来提升服务业竞争力；二是加大地区金融机构对现代服务业的支持力度，不断改进融资方式、融资工具和融资手段，提高融资效率；三是加强政府和金融机构的合作，运用互联网和大数据技术来创新政府服务方式，加强在线审批监管；四是发挥政府在现代服务业发展中的资金引导作用，使得资金投向符合地区产业政策和发展规划，要保持引进外资政策的连续性和稳定性，改善外商投资的“软环境”。

（四）搭建共享服务平台，促进地区间合作交流

在城市经济中心搭建公共服务平台，为相关企业提供资金支持、人力资本、信息服务以及技术创新服务等。一是创造有利于社会资本引入的环境与平台，拓展多渠道融资体系，为初创服务企业解决资金困难，在发展后期还有利于形成服务业集聚效应，实现资源共享，带来品牌累积效应，从而加强地区间的沟通与联系。二是建立产学研合作机制，充分利用合芜蚌自主创新试验区政策优势与安徽本地高校研究机构的资源优势，构建服务业创新人才集聚地，健全人力资源库。

（五）强化自主创新能力，发展人才支撑战略

现代服务业的高质量发展离不开中高端人才的支持。安徽各地区需要根据各产业发展需要，积极培养和引进高端服务人才，改善人才结构，尤其是宣城、淮北、滁州、池州、黄山、六安、亳州、宿州等经济发展缓慢的地区。首先，深化教育改革，加强高校能力建设，注重学生能力培养，培养高素质综合型人才；同时结合城市服务业投资结构特点，明确创新人才培养、知识创新以及产学研相结合的技术创新体系在投资合作中的战略定位以及特色。其次，鼓励企业加大研发投入的力度，多引进专业性人才。企业可以建立健全各类专业创业服务中心、生产力促进中心等机构，并为引进人才开辟绿色通道，在各方面为其提供便利，为其创造良好的生活、工作环境。再次，加大职工教育投入的力度，设立服务业人才培训专项资金，对职工进行职业技术、企业管理知识和科学技术知识等方面的培训，提高企业科技人员素质，从根本上解决专项人才缺乏的问题。

（六）完善并强化政策措施落实，让政策能因地制宜

现代服务业对国民经济运行关系重大，国务院出台了一系列政策意见来促进服务业发展，力度大，涉及面广。对此，安徽要时刻给予高度关注，并深入研究，结合本省的实际情况，对各项政策规定进行认真梳理，对制约、限制服务业投资发展的规定进行清理，在此基础上研究出台有利于安徽省服务业投资发展的扶持政策措施。对已经出台的土地、财税、市场准入等方面的政策，进一步做好深化、细化、配套与延伸工作。此外，各地区应对本地的服务业发展进行全面审查与专项监督，突出保证本地服务业的发展重点，创新发展思路，积极发挥现代服务业对经济发展的引领、带动与辐射作用。

（七）加快产业结构调整步伐，推进服务业制造化

生产性服务业和生活性服务业密切联系，对安徽整个经济的结构、质量与效益都有着巨大的影响，因此安徽要加快产业结构调整步伐，让服务业往现代化、专业化、精细化的方向迈进。同时生产性服务业与制造业直接相关，能够将大量的前沿技术和知识引入生产过程中，这是推动产业结构升级的必然选择，是提高地区服务业竞争力的有效手段。具体来说，就是鼓励并引导服务业与制造业有机融合、互动发展，形成服务业与制造业之间按不同价值链环节实施分工协作的生产格局，以增加全社会产业的附加值，提升安徽省产业竞争力。

（八）培育和强化服务业综合改革试点，推进重要企业和重大项目载体建设

安徽服务业发展后劲不强，缺乏强大的载体支撑，服务业综合改革试点、服务业集聚区、服务业品牌、服务业重点企业和服务业重大项目五大载体建设基础不牢固。对此，安徽应完善经营管理体制，培育地方特色服务业品牌，科学规划服务业集聚区，引导服务业集聚发展，实现服务业在空间、资金和人力资源上的有效集中；加快培育服务业品牌和驰名商标，打造一批辐射能力强的重点企业以及重点项目。

第四节　安徽服务业集聚区投资发展分析

现代服务业集聚区是根据所在地区三次产业的发展基础以及现代化和信息化发展趋势，并在交通区位等地理因素的基础上，按照产业集群理念统一规划整合，所形成的功能上比较完备、空间上相对集中的特定产业园区。现代服务业集聚区是安徽省服务业集约、高效发展的有效载体，是促进三次产业联动发展和产业升级的重要力量。通过对安徽服务业集聚区发展现状进行分析，笔者发现由于安徽省政府政策和人力资源等因素的影响，部分服务业集聚区现代化水平不高，规模效应和集聚效应不明显，对此，本节试图提出相关建议来提升安徽省服务业集聚区的综合竞争力。

一、服务业集聚区发展现状分析

为深入实施现代服务业集聚发展工程，近年来安徽大力推动省级现代服务业集聚区及示范园区建设。作为现代服务业的发展特色，服务业集聚区成为安徽经济快速发展的重要引擎，并呈现出以下的特点：

（一）服务业集聚区建设晚，但发展比较快

安徽于 2011 年启动建设省级现代服务业集聚区，建设初期园区规模普遍不大，但从“十二五”以来，发展势头良好。截至 2016 年底，安徽共设立了 131 家省级服务业集聚区，实现营业收入 4149.5 亿元，完成税收 142.9 亿元，占全部服务业税收的比重接近 10%。另外，这 131 家省级服务业集聚区入驻企业达 2.85 万家，累计完成投资 4850.9 亿元。像合肥商贸物流园、合肥青年电子商务部产业园等都入选国家级示范园区。2018 年，围绕现代物流、金融商务、健康养老等重点领域，安徽省新认定了 24 个省级现代服务业集聚区，且集聚区营业收入、税收、投资等主要指标均保持较快的增长态势，较好地发挥了载体支撑作用。

（二）各地区集聚区发展特色明显

安徽服务业集聚区地方特色渐趋明显，既包括以城市交易需求为

重点的现代物流、金融、电子商务等集聚区，又包括以科技创新和信息服务为重点的科技服务集聚区及软件与信息服务业集聚区，还包括以居民生活与娱乐为重点的创意文化服务业集聚区、旅游休闲集聚区以及健康养老服务业集聚区。在已被认定的131个省级服务业集聚区中，现代物流园30个，信息软件园21个，研发创意园15个，服务外包产业园3个，金融服务业5个，中央商务区13个，文化旅游园38个，其他类型园区6个。按地区划分，这些园区主要集聚在中心城市区域，像合肥、芜湖、黄山等，“一圈一带三区”的空间格局正在加速形成。

各地区依据不同的发展重点和实际需求，在建设集聚区的时候都注重发挥集聚区在自然文化、交通、产业基础等方面的优势，在空间指引上充分考虑到当地的发展基础，并进行功能整合来打造出自己的特色以及主导产业，以此增强集聚区服务生产和生活能力。例如，安徽华源现代物流产业园、合肥蜀山国际电子商务产业园、黄山市的徽文化产业园以及宿州市的中国现代制鞋产业城服务业集聚区等。

（三）支持集聚区发展的制度、政策等环境良好

近年来，安徽政府大力关注服务业的发展，出台了一系列优惠政策和措施，各地区服务业的发展面临较好的机遇。

一是政策红利的多重释放给服务业带来更多新的支持。在中央政府关于现代顶层设计的指导下，安徽省政府因地制宜启动服务业加快发展工程，《安徽省省级服务业集聚区发展规划（2017—2021年）》中提出，“要围绕落实全省‘双核一带三区’服务业空间布局，鼓励各地加大扶持力度，并引导皖北、大别山等薄弱地区强化培育和申报一批省级服务业集聚区”，系列政策的组织实施，将带来大量的项目投资，形成强大的信息流、人流、物流等要素资源。

二是发达地区服务业的扩张与转移带来了新机会。从全球来看，产业重心从制造业转向服务业，服务贸易业的快速发展与转移已成为继全球范围制造业转移之后的又一浪潮。例如，我国长三角地区，作为经济最活跃的地区，正在着力打造全球重要的现代服务中心，对于国外服务业跨国投资和业务外包等具有强大吸引力。从国内来看，发

达地区由于土地、资金等因素的限制，为服务业区域转移带来了发展机遇。2010 年，皖江城市带承接产业转移示范区获批，使安徽省依托现有产业基础，成为中部崛起的重要力量。

三是随着新型工业化深入推进，制造业服务化的趋势更加明显，生产性服务业产业链、价值链持续延伸，发展空间不断拓展。在“中国制造 2025”的背景下，安徽研究制定了《安徽省发展服务型制造专项行动推进方案（2017—2020 年）》，提出要完善服务型制造业发展的政策体系和公共服务平台，并不断深化制造与服务协同发展。

二、服务业集聚区存在问题分析

值得注意的是，安徽单个省级服务业集聚区的营业收入、税收分别仅相当于江苏省四类集聚区的 1/4 和 1/6，服务业集聚区发展也面临着一些问题。

（一）部分服务业集聚区规模不大，集聚效应和市场竞争力不足

近年来，安徽现代服务业集聚区的建设发展势头总体较为良好，发展重点较为突出，产业特色较为明显，但是，目前安徽部分服务业集聚区的发展模式和管理模式还较为落后，思维模式还停留在传统的发展阶段，新技术应用更是滞后。虽然有些服务业集聚区也能吸引一批服务业企业入驻，但这些企业规模较小，数量不多，缺乏创新能力，相互之间没有形成合力，抵御风险的能力较差，企业与产业竞争力弱，某种程度上集聚区也仅是零散企业的拼凑，并没有形成应有的集聚效应。而部分服务业集聚区过分依赖政府的资金、土地等资源和优惠政策，未能形成自身的发展潜力，在市场中缺乏竞争力。

（二）缺少相关的专业人才

现代服务业的发展需要掌握高科技信息技术的高素质专业人才，而安徽由于过去经济发展比较落后，导致人才大量流失，所需的高端人才严重不足。而人才是产业发展的关键，现代服务业发展需要一定专业的技术人员，但目前现代服务业集聚区的快速建设与发展，导致专业人才的供给与企业和政府的需求差距较大。一是缺乏服务业领军人才，尤其是既懂技术又懂管理的高端人才；二是缺乏交叉学科的复

合型人才，现代新兴服务业，例如现代物流、电子商务、信息与科技服务等，是多学科交叉融合的产物，因此就需要对这些理论都有相关了解的复合型人才；三是后备人才储备不足，未建立省内高校与当地企业配套的人才培养基地，在集聚区的人才引进、教育培训、人才服务政策方面的扶持力度不够，尤其是针对新兴高端服务业集聚区，如电子商务服务业集聚区，还缺乏完善的政策扶持体系。

（三）缺乏有效的产业管理和组织规范，没有形成明晰的产业体系

服务业集聚区作为现代服务业发展和创新的重要平台和载体，对现代服务业的发展和规划起到了引领作用，但安徽部分服务业集聚区还存在产业层次较低、集聚区业态需要优化的现象。尤其表现为部分集聚区管理机构不健全，没有对地方服务业集聚区做一个清晰的规划，导致地方集聚区发展特色不明显，出现参差不齐、结构单一的企业混杂现象。而部分地方政府由于受各自局部利益的影响，对周边区域服务业集聚区的建设与发展不够关注，没有从区域协同和统筹发展的角度考虑当地集聚区的建设，没有从本地产业结构与特色资源的角度考虑服务业的发展，缺乏长远的发展规划，导致服务业集聚区定位模糊，发展方向不清晰、特色不明显，各集聚区之间低水平恶性竞争，重复投资，甚至在发展之初即出现产能过剩现象，所集聚的服务业与当地第一、第二产业之间缺乏交流与互动，共同发展、相互支撑力度不强。政府政策的发布与地方措施的落实没有很好地联系起来，缺乏联动性。

三、优化服务业集聚区投资的政策建议

针对安徽现代服务业集聚区的发展现状和存在问题，在《安徽省省级服务业集聚区发展规划（2017—2021 年）》等文件的指导下，从完善政策体系、加强规范引导、创新推进重点工程等方面来实现“提升一批、完善一批、新建一批”的服务业集聚区指导原则，从而提高集聚区发展水平。

（一）完善政策体系，提高政府决策水平

1. 加大资金支持力度，优化资金使用方式

面对安徽服务业集聚区竞争力比较弱的问题，首先要从资金、用

地等政策方面加大对服务业创新的支持力度，形成有利于服务业集聚区加快发展的财政政策体系，尤其是加大“三重一创”产业发展基金对服务业领域的支持力度。其次要根据本地需要，引导资金的合理与规范使用，探索现代物流、金融商务、科技创新以及信息服务等重点行业的专项资金使用与管理。

2. 改善投融资环境

从两个方面改善服务业投资环境：一方面，改革投资管理方式，实施投资主体多元化，充分调动民营投资者的积极性和创造性，并采用信息引导、技术引导与资金引导等一系列措施来引导民营投资的合理流向；另一方面，要加大力度破除地区间的投融资壁垒，深化区域间交流与合作，促进要素共享、信息互通和区域经济的一体化发展。同时加强对外开放，积极引进国外先进的管理理念、服务技术以及思维模式，鼓励跨国公司与国内企业进行合作投资，多渠道开展交流合作，充分挖掘现代服务业集聚区的发展潜力。

3. 培育专项人才，创新人才政策

围绕现代服务业集聚区产业发展的需要，加大高端人才的引进力度，特别是对于金融、电子商务、保险、信息技术等领域的高层次人才，在住房、子女入学等方面予以政策支持，解决他们的后顾之忧。在服务业集聚区建设发展初期，人才队伍的发展壮大尤为重要，通过人才引进可临时性解决现代服务业发展的迫切需求。长期而言，在鼓励人才区域流动的同时，必须完善服务业人才培养模式，建立终生教育体系，完善本土服务业人才成长环境。可充分利用安徽高等院校现有资源，鼓励服务业企业、政府行政部门与高等院校开展合作，建立现代服务业人才培养基地，为服务业集聚区的长远发展提供长足的人力资源储备和人才支撑。

（二）加强政府规范引导，完善规划体系

1. 强化组织引导，加强上下联动

资源和要素的约束，对服务业集聚区集约发展提出了更高的要求，因此，安徽必须做好顶层设计和统筹规划工作，引导传统服务业加快转型升级的步伐，建设好服务业集聚区这项系统工程。此外，健全

“省—市—县（区）”的上下联动管理机制，积极主动地加快建设不同地区服务业集聚区之间的互动联系，并不断进行管理体制和开发模式的创新，力求消除现代服务业集聚区发展的深层体制机制障碍，提高集聚区内部体系的发展活力。

2. 规范认定考核，加强评价监测

对省级服务业集聚区的认定考核管理进行统一的文件规范，同时应考虑到各地区发展水平的差异，在实践基础上对不同发展水平的集聚区确定差异化的认定标准和考核体系；建立跟踪服务机制，对认定合格的集聚区进行定期的监测与评估，考察其绩效，打造一批具有较强发展潜力和竞争优势的服务业重点企业，通过其辐射作用来带动新建类集聚区的建设与发展。

3. 强化沟通联系，加大宣传力度

加强对服务业集聚发展理念、工作经验、建设与研究成果以及先进典型的宣传和推介，进一步密切周围区域城市的联系，引导安徽服务业集聚区取长补短。同时打造安徽服务业集聚区的特色名片，积极营造全社会共同关心、支持和推动服务业集聚区发展的良好氛围。

（三）明确发展定位，创新重点工程

1. 规范体系工程，开展示范创建

服务业集聚区是一个目标明确的系统工程，各地级市要清楚本地集聚区发展和建设的重点和方向，注重和把握《安徽省省级服务业集聚区发展规划（2017—2021 年）》中关于重点工程建设的相关内容，编制本地区服务业集聚区发展规划。鼓励各地级市立足产业优势和空间布局，规划建设一批功能定位清晰、产业基础较好、管理规范有序的重点园区，支持培育成为省级服务业集聚区，从而形成示范园区。

2. 提升公共平台，壮大市场主体

鼓励支持各服务业集聚区面向园区内企业共性需求，充分利用园内资源和要素，围绕科技研发、信息服务、投融资、人才培育等领域，加快建设专业化公共服务平台，健全管理机构，强化人员、场地和经费保障，打造一批省级示范平台。支持安徽中心城市发挥集聚效应，提高公共服务业平台的专业化水平，吸引各类社会群体，如行业协会、高校、科研院所等参与共建，切实发挥服务园内中小企业的功能。

3. 创新体制机制，推进效能建设

研究国家级服务业集聚区的发展特点并借鉴其经验，来指导安徽服务业集聚区市场化运作以及公司化运营管理；支持服务业集聚区开展合作共建，探索多种形式的集聚区共建模式；鼓励国内外有实力、有经验的园区、专业机构参与集聚区的投资运营。深化“放管服”改革，全面推行服务业集聚区精细化管理和个性化服务，将工商注册、税务登记等政务服务功能延伸至集聚区，实施“帮办”“包办”，提高一站式服务效率和水平。

第五章　安徽房地产业投资分析

房地产业是我国经济发展的重要支柱，支撑着我国经济的快速增长。2018 年，国家出台了一系列的房地产市场调控政策，不断完善房地产市场调控机制。房地产开发投资走势平稳，房屋销售面积有所下降，地价涨幅显著回落，安徽省不断发展与完善房地产市场调控机制，取得了不菲的成绩。2018 年，安徽省房地产整体价格平稳，新增房地产供应放缓，库存量缩减。本章将通过对安徽省房地产业投资环境、投资情况以及存在的风险与问题进行分析，给出相应的政策建议，并在此基础上预测未来房地产市场的走势。

第一节　安徽房地产业投资的环境分析

2018 年，安徽省委省政府紧跟国家政策，贯彻落实中央文件精神和指导思想，不断取得优异成绩。安徽省总体经济水平在过去的一年中稳中有升，房地产市场大体保持稳定。本节通过对安徽省房地产业投资的经济环境以及政策环境两个方面进行梳理，分析 2018 年安徽省房地产业投资环境的具体情况。

一、房地产业投资的经济环境分析

通过对安徽省经济增长、产业结构调整、固定资产投资、财政收入、对外贸易等方面进行讨论分析，从整体上把握和说明安徽房地产业投资的宏观经济环境。

（一）经济稳步增长，结构日趋优化

2018 年安徽省地区生产总值突破 3 万亿元，较 2017 年实现了

8.02%的涨幅。全省居民生活水平不断提升。从城镇居民方面来看，安徽省城镇居民人均可支配收入同比增长 8.7%，达到 34393 元。从农村居民方面来看，安徽省农村居民人均可支配收入同比增长 9.7%，达到 13996 元。

从三大产业方面来看：2018 年安徽省第一产业较上年同比增长 3.2%，为 2638 亿元；第二产业较上年同比增长 8.5%，为 13842.1 亿元；第三产业涨幅最高，较上年同比增长 8.6%，为 13526.7 亿元。安徽省第二产业产值与第三产业产值占总产值的比重大致相当，远大于第一产业产值占总产值的比重。

从具体行业来看：2018 年安徽省工业总产值较上年同比增长 9.3%，高于全国平均水平；制造业总产值较上年同比增长 9.6%；能源行业如电力、水、热力、煤气等较上年同比增长 13.9%。

（二）固定资产投资加快，市场销售稳定提升

2018 年安徽省固定资产投资快速增长，较 2017 年增长 11.8%。从三大产业投资增长幅度来看：第一产业投资额较上年增长 33%，第二产业投资额较上年增长 24.6%，第三产业投资额较上年增长 5.6%。从投资资金来源来看：固定资产投资总额中，民间投资占比较上年增长 6.3%，民间投资占全部投资的比重不断增加。2018 年，安徽省销售市场不断扩大，社会消费品零售额突破 1.2 万亿元，较 2017 年增长了 11.6%，超全国社会消费品零售总额涨幅达 2.6 个百分点。其中，城镇社会消费品零售总额较上年增长 11.3%，达 9731.8 亿元；农村社会消费品零售总额较上年增长 12.9%，达 2368.2 亿元。

（三）出口明显加快，财政收入保持两位数增长

2018 年，安徽省进出口贸易总额较上年增长 16.6%，达 629.7 亿美元。出口贸易总额较上年增长 18.3%，达 362.1 亿美元；进口贸易总额较上年增长 14.3%，达 267.6 亿美元；财政总收入较上年增长 10.4%，达 5363 亿元。其中，税收对财政总收入的贡献份额上涨了 1.4 个百分点，达 71.5%。

（四）供给侧结构性改革稳步推进，新旧动能加快转变

2018 年，安徽省不断推进供给侧结构性改革，取得了不菲的成绩。服务业增加值较上年增长 2.2%，达 45.1%，创历年增速新高。值得注意的是：信息传输与互联网方面的新型服务业产值实现较大幅度的增长，涨幅突破 30%。高新技术产业保持快速增长势头，其产值较 2017 年增长了 13.9%；战略性新兴产业同样实现了高速增长，其产值较 2017 年增长了 16.1%。生态保护与环境治理投资增速也实现了比整体投资更高的增速，较 2017 年增长了 42.1%。房地产市场紧跟国家政策步伐，不断调控，总体稳中有升。产业结构不断优化，第三产业占比不断提升，拉动经济增长的主要力量逐步向服务业与高新技术产业转移。

总的来看，2018 年安徽省经济运行态势良好，主要经济指标增长速度均高于全国平均水平。从好的方面来看，安徽省经济结构日趋优化、各项投资水平稳步提升、供给侧改革工作取得不菲成绩；从存在的问题来看，安徽省面临的外部环境日趋复杂、实体经济较不景气、经济存在下行风险。

二、房地产业投资的政策环境分析

（一）房地产市场从严调控基调不改变

2018 年，中央对房地产市场进一步调控，出台了一系列调控政策。3 月份，“两会”对房地产行业做出批示：在进一步抑制投资与投机性住房需求的同时大力提升居民对房地产的自住需求。7 月份，中央政治局会议提出引导各省市因地制宜，根据实际情况对房地产市场需求进行合理调节、促进房地产市场供求均衡、完善房地产市场秩序，最终“坚决遏制房价上涨”。8 月份，国家住建部对房地产市场提出了新的要求：地价方面，应当优化房地产用地供应结构，促进地价稳定；房价方面，应当健全责任追究机制，对未能实现房地产市场平稳的城市追究责任，争取房价稳定。2018 年底，中央政治局会议坚持“房住不炒”，将房地产市场调控权下放至各级地方政府，强调地方政府在稳

定房地产市场中应起到重要作用，各地应根据实际情况结合国家政策制定具体的针对性措施。

2018 年，安徽省出台的《关于促进经济高质量发展的若干意见》指出，省内各地各部门应该响应国家“房住不炒”的政策定位，加快构建多主体供应、多渠道保障、租购并举的住房制度，形成开发商、农村集体等多主体土地住房供应的局势，努力推动房地产市场平稳发展。

（二）开放多元化土地供给，完善基础性土地制度

2018 年初，全国国土资源会议指明了 2018 年国土资源工作的要求。会议指出，应“以习近平新时代中国特色社会主义思想为指导，认真落实中央经济工作会议部署，推进国土建设，加快国土资源质量变革、效率变革、动力变革，不断提高国土资源工作水平，促进经济社会持续健康发展”。会议精神具体如下：在住房制度方面，要开放农村集体经营性建设用地的使用，将其纳入租赁住房试点中去，建立我国住房的多主体供应制度，保障国家的租赁住房与购买住房并行；在农村土地制度方面，进一步推动农村土地制度改革，将农村宅基地的所有权、资格权与使用权相互分离，不仅做到农村宅基地所有权权属清晰、农村宅基地农民资格得到保障，而且要不断放开农村宅基地的使用权。

2018 年中旬，住建部要求各地应着力于住房与用地结构的协调工作。各级政府应因地制宜，根据实际情况，结合国家相关文件精神调整政策，调整土地与住房的供应结构，调整不同价位的商品房供应比例，尤其是提高对于中等及以下价位住房的供应，协调房价与地价的涨幅比例，杜绝地价快速增长联动房价增长的局面。

（三）人才政策升级，住房需求得到释放

从 2017 年初开始，全国各城市之间展开了激烈的人才争夺。具体的优惠措施主要涵盖：落户买房、人才租房、生活补贴以及人才就业创业补贴等方面。2018 年又上演了第二轮的人才争夺。各省市陆续出台了一系列吸引人才落户的政策。其中，一线城市和热点二线城市的人才争夺更为激烈，尤其是中西部的二线城市。从城市新增户籍人口

数量、毕业生就业流向上来看，人才新政效果显著，住房需求也得到释放，商品房销售增速上行，投资显著增长。

2018 年，安徽省全力促进更高质量就业，为省内就业与创业营造良好的环境。一方面吸引外省高素质人才入皖工作；另一方面留住本地优秀人才。安徽省出台政策，针对省内 16 个地级市中高等学校与中职学校应届毕业生在皖签订六个月以上劳动合同达一定比例者，一次性进行相应补贴奖励。鼓励大企业举办高质量的职业教育，促进产教融合、校企合作。支持企业与高等学校、中职学校建立人才培养、实习实训基地。

（四）因地制宜调整棚户改造货币化安置政策，缓解房价上升压力

2018 年 10 月，国务院常务会议对棚户区改造工作做出了相关指示：应继续推动棚户区改造工作的开展，不断为住房困难群众提供更加舒适的居住环境与条件。一方面，应对棚户区改造的范围与相关标准进行严格的把控，重点应聚焦于工业区、矿业区、林区以及存在重大环境问题的老城棚户区的改造工作上。另一方面，应调整与完善棚户区改造货币化安置政策，棚户区改造安置政策应根据各地实际情况做出相应调节，从改善民众生活状况与促进住房有效需求的角度出发考量棚户区改造安置政策。

2018 年，安徽省结合中央文件精神，贯彻落实中央会议要求，结合各地上报的棚户区调查摸底和改造计划情况，制订《安徽省棚户区 2018—2020 年改造三年计划实施方案》。通过加强政策激励支持、拓宽资金筹措渠道、确保建设用地供应、落实税费减免政策等措施，进一步大力推动棚户区改造。

第二节 安徽房地产业投资情况分析

本节主要分析安徽房地产业投资总体情况、不同地级市的房地产业投资的对比以及房地产业投资效率。

一、房地产业投资总体情况分析

2018 年，安徽房地产业投资以及商品房销售基本保持平稳运行，同比增速略有下降。以下主要从房地产业投资规模、商品房建设规模、房地产市场需求、房地产市场价格变化以及保障性安居工程方面，对房地产业投资的总体情况进行详细分析。

（一）房地产业投资规模逐渐扩大，但增速波动较大

受市场预期以及政府政策的影响，2008—2018 年安徽房地产业投资规模虽然处于不断扩张的趋势，但增速波动较大。具体来看，2008—2012 年，安徽房地产业投资保持较快增长，增速普遍在 20%以上。期间，政府虽出台相关政策对投资增速进行抑制，但由于投资者强烈的风险保值需求，房地产业投资增速并未减缓。2013—2016 年，随着安徽省政府出台更为严厉的房地产抑制政策以及商品房逐渐提高的库存压力，房地产业投资增速降至个位数。但 2017 年安徽房地产业投资增速再次大幅上升，这主要是由于市场经济好转以及商品房去库存效果显著。2018 年相比于 2017 年投资增速明显放缓，这主要由于 2018 年政府对于房地产业投资的管控加强。此外，2018 年安徽省房地产业投资增速逐月减缓，由年初的超过 20%降至年末的 6.4%，具体数据如图 5 - 1 和图 5 - 2 所示。

图 5 - 1 2008—2018 年安徽房地产业投资情况

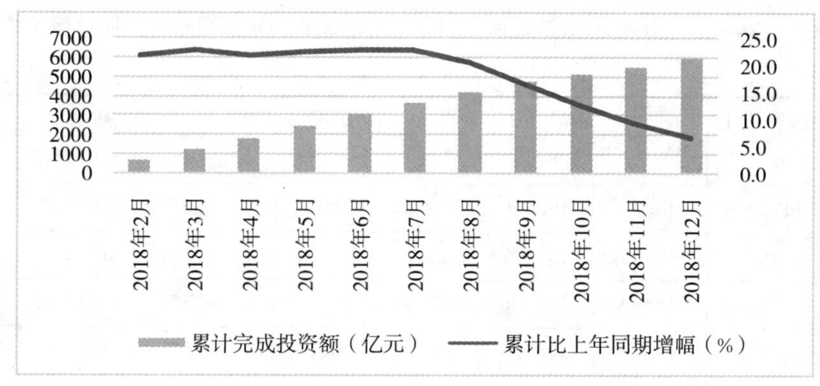

图 5－2　2018 年安徽房地产开发投资累计额与投资增速

（二）商品房建设规模稳步提升

2008—2018 年安徽商品房建设规模稳步提升，但提升速度略有下降。具体来看，全省商品房施工面积由 2008 年的 11729.4 万平方米持续增加到 2018 年的 41128.3 万平方米，但增速由 2008 年的 30.77％波动下降到 2018 年的 5％。

商品房新开工面积增速波动程度最为明显。2008—2010 年，增速由 23.59％波动上升至 2010 年最高的 37.56％。2011—2014 年，增速总体处于下降状态。2014—2017 年，增速从下降转为上升，2017 年商品房新开工面积增速达 30％以上。2018 年商品房新开工面积同比增长－4.8％。

房屋竣工面积总体上呈现先升后降的趋势，增速由正转负。增速从 2008 年的 8.15％到 2013 年达到最高的 30.64％，此后波动降至 2018 年的－5.5％，这主要是由于近两年政府为促进商品房市场去库存，加大了对商品房建设的管控力度。

商品房销售面积呈现增长不断趋缓的态势。2008—2018 年，三次增速达到 30％左右，其中，2016 年更是同比增长 37.7％。2017 年和 2018 年分别同比增长 8.2％与 9.1％，增速明显放缓，具体原因为安徽省各地级市县出台了一系列房地产调控政策，促进安徽商品房市场的健康发展。

具体数据详见表 5－1 所列。

表 5-1　2008—2018 年安徽累计商品房施、竣工面积和销售面积以及同比增长情况

（万平方米，%）

年　份	房屋施工面积	同比增长	新开工面积	同比增长	房屋竣工面积	同比增长	商品房销售面积	同比增长
2008	11729.4	30.77	4585.0	23.59	2541.1	8.15	2370.5	0.9
2009	14169.6	20.80	5319.7	16.02	2861.3	12.60	4053.92	45.5
2010	17541.9	23.80	7317.6	37.56	3020.6	5.57	4113.9	2.1
2011	20785.8	18.49	8658.7	18.33	3628.7	20.13	4581.6	11.4
2012	24836.1	19.49	7874.2	－9.06	3965.4	9.28	4828.8	4.9
2013	30235.2	21.74	10077.71	27.98	5180.4	30.64	6265.4	29.7
2014	33479.11	10.7	8736.77	－13.3	5196.37	0.3	6202.2	－1.0
2015	34244.7	2.29	7759.3	－11.19	5537.7	6.57	6174.1	－0.5
2016	35645.44	4.09	8586.37	10.66	5382.95	－2.79	8499.7	37.7
2017	39169.2	9.9	11398.7	32.8	4747.7	－11.8	9200.7	8.2
2018	41128.3	5	10849.6	－4.8	4488.4	－5.5	10038.4	9.1

数据来源：各年《安徽统计年鉴》《安徽统计月报》。

（三）不同用途房地产开发投资情况不断合理

2008—2018 年，全省各用途的房地产开发投资额持续增加，其中住宅投资占房地产业投资额的主要部分，但住宅投资占当年投资的比重略有下降；办公楼投资额不断扩大，占比虽小但增速较快；商业、营业用房投资规模保持较快增长，占本年完成投资额的比重快速上升，可见，安徽房地产业投资正从房屋居住的主体功能逐渐转向商业等用途，房地产性质不断趋向于资本化。

2018 年，全省完成投资额 59741086 万元，同比增长 6.4%，较上年下降 15.5 个百分点。其中，住宅投资额 45634100 万元，同比增长小幅回升至 5%；住宅投资占当年完成投资额的比重最高，达 76.4%，这也与房屋的主体属性相适应；办公楼投资 1254562 万元，同比增长 0.4%，占当年完成投资额的比重为 2.1%；2018 年商业、营业用房开发投资为 11350806 万元，占当年完成投资额的比重降至 19%。

具体数据详见表 5-2 所列。

表 5-2　2008—2018 年安徽住宅与非住宅房地产投资完成额情况

（万元）

年　份	本年完成投资额	住　宅	占　比	办公楼	占　比	商业、营业用房	占　比
2008	13626657	10115919	74.2%	378339	2.8%	1722382	12.6%
2009	16698263	11755778	70.4%	721124	4.3%	2362832	14.2%
2010	22518045	15952464	70.8%	656341	2.9%	2924003	13.0%
2011	26115374	18696348	71.6%	671647	2.6%	3864350	14.8%
2012	31516065	20592945	65.3%	1319806	4.2%	5649370	17.9%
2013	39462264	25498814	64.6%	1661961	4.2%	8008625	20.3%
2014	43389603	28476344	65.6%	1689593	3.9%	9305558	21.4%
2015	44248584	28491942	64.4%	2042490	4.6%	10258620	23.2%
2016	46035625	30693640	66.7%	2029072	4.4%	9706098	21.1%
2017	56124725	40069994	71.4%	1945911	1.7%	10110574	18%
2018	59741086	45634100	76.4%	1254562	2.1%	11350806	19%

数据来源：各年《安徽统计年鉴》《安徽统计月报》。

（四）房地产市场需求情况分析

2008—2018 年，安徽商品房市场规模持续扩大，增速稳中趋缓。商品房销售面积、销售额波动上行，销售面积由 2008 年的 2756.96 万平方米波动上升至 2018 年的 10038.4 万平方米，销售额从 2008 年的 800 亿元增长到 2018 年的 7000 亿元。全省商品房销售面积和销售额同比增速趋势一致，并呈现总体波动下行的态势，但近两年来增速波动有所加大。

具体来看，2008—2013 年，由于 2008 年金融危机导致国内外主要经济体经济下滑，引发安徽商品房销售面积和销售额出现短期负增长，其中商品房销售面积由上年的 3083.39 万平方米下降至 2008 年的 2756.96 万平方米，同比增长－10.6%，商品房销售额降至 806.84 亿元，增长－1.8%。此后几年，由于消费者防御性需求的不断增长以及中央与地方为稳增长而出台的一系列房地产市场利好政策，安徽商品房销售面积与销售额出现迅猛增长的态势。2014 年和 2015 年全省商品房销售面积同比小幅回落，商品房销售额小幅增长。其中，2015 年商品房销售面积同比下降 0.5 个百分点，而商品房销售额为 3369.42 亿元，较上年小幅增加 0.72 个百分点。原因主要是面对经济环境的不断变化以及供给侧结构性改革和房地产去库存政策的提出，国家和地方陆续出台了新的调控政策。2016 年，全省商品房销售面积和销售额都大幅回升，销售面积和销售额增长速度接近 2009 年的水平，房地产市场形势显现出过热迹象。2017 年，全省商品房销售面积较上年明显回落，商品房销售额同比增长 11.7%，增速明显低于上年同期水平，表明 2017 年安徽商品房市场整体上处于去库存阶段。2018 年，全省商品房累计销售面积增速由年初的 10%，回落到 9.1%；全省商品房累计销售额增速由年初的 13.1%，波动上升 7.5 个百分点，为 20.6%。

具体数据如图 5－3 所示，见表 5－3 所列。

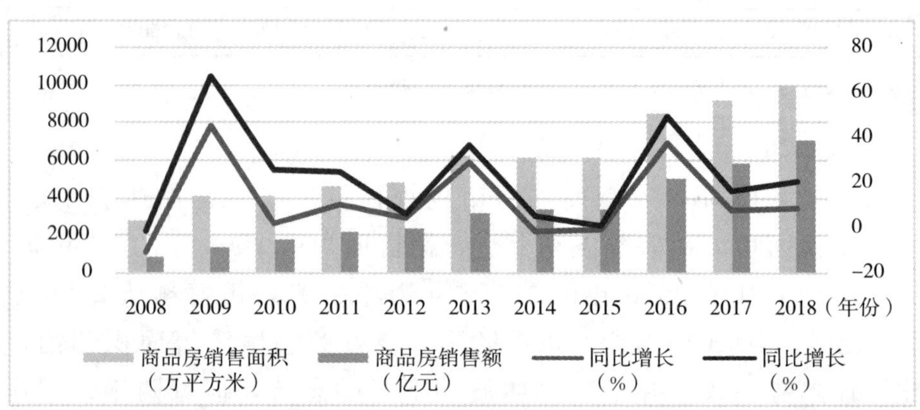

图 5－3 2008—2018 年安徽商品房销售情况

数据来源与说明：各年《安徽统计年鉴》《安徽统计月报》。

表 5－3 2008—2018 年安徽商品房销售情况

（万平方米，亿元，%）

年份	商品房销售面积	同比增长	商品房销售额	同比增长
2008	2756.96	－10.6	806.84	－1.8
2009	4053.92	45.5	1378.39	67.79

（续表）

年份	商品房销售面积	同比增长	商品房销售额	同比增长
2010	4113.88	2.1	1732.66	25.70
2011	4581.55	10.3	2183.1	25.0
2012	4828.8	4.8	2329.88	5.9
2013	6265.4	29.7	3182.9	36.6
2014	6202.18	－1	3345.19	5.1
2015	6174.09	－0.5	3369.42	0.72
2016	8499.65	37.7	5035.55	49.4
2017	9200.7	8.2	5868.8	16.5
2018	10038.4	9.1	7077	20.6

数据来源：各年《安徽统计年鉴》《安徽统计月报》。

（五）房地产市场价格分析

近10年来，安徽商品房年均销售价格总体保持不断上涨的态势。2008—2010年，安徽商品房年均销售价格增速逐渐上升至2010年的22.95％，2011—2014年，增速波动下降至2014年的最低值0.06％。2015年安徽商品房年均销售价格增长速度结束了此前波动下降的趋势，2016年实现商品房年平均价格同比大幅提高8.56％，2018年，商品房年均销售价格同比增长5.5％，较上年同期水平小幅降低1.89个百分点。2018年，安徽商品房年均销售价格达到6731.4元/平方米，是2008年2949元/平方米的2.3倍。主要原因：一方面随着中国城镇化率和居民收入的不断提升，城市人口不断增加，住房需求相对旺盛，而在土地国有垄断和土改相对缓慢的双层阻碍下，土地有效供给不足，最终导致住房市场供求失衡。另一方面，金融危机扰乱了市场参与者对经济前景的合理预期，过多的投资者不断涌入房地产市场，对房价进行炒作，加上房地产开发商共同哄抬房价等因素，使得房价一路飙升。2008—2018年安徽商品房年均销售价格见表5-4所列。

2018年，安徽商品房月度价格和住宅月度价格持续走高，但增速相对放缓，住房市场升温的态势有所遏制。商品房月度价格由年初的6545.5元/平方米增至年末的7429元/平方米，商品房价格较年初提高 13.5 个百分点；住宅月度价格由年初的 6430.6 元/平方米波动将至年末的 6408.3 元/平方米，全年价格相对稳定。从房价增速来看，2018 年上半年，房价无论是同比增速还是环比增速均明显高于下半年，住宅月度价格由上半年最高的 16%跌至下半年最低的 4.3%，降幅达 11.7 个百分点。2018 年住房价格同比增速与环比增速的年内差异实际上反映了安徽下半年房地产市场调控政策的初步成效。总的来说，2018 年安徽住房价格指数整体保持高度平稳，全年住房月价格指数在 102～103.5 之间徘徊，进一步表明安徽整体房价保持在较低的增长水平，有利于人民生活水平的改善和住房市场的健康发展。2018 年安徽商品房月度价格和住宅月度价格变化情况详见表 5 - 5 所列。

表 5 - 4　2008—2018 年安徽商品房年均销售价格

（元/平方米，%）

年份	平均销售价格	同比增长	年份	平均销售价格	同比增长
2008	2949	10.70	2014	5394	0.06
2009	3420	15.97	2015	5457	1.17
2010	4205	22.95	2016	5924	8.56
2011	4776	13.58	2017	6375	7.61
2012	4825	1.03	2018	6731.4	5.5
2013	5080	5.28			

数据来源：各年《安徽统计年鉴》《安徽统计月报》。

表 5 - 5　2018 年安徽商品房月度价格和住宅月度价格变化情况

（元/每平方米，%）

2018 年	商品房月度价格	同比增速	住宅月度价格	同比增速
1—2 月	6545.5	13.5	6430.6	16
1—3 月	6561.5	7.9	6453.5	10.5
1—4 月	6666.8	8.4	6532.1	9.8
1—5 月	6850.3	10.6	6759	13.1
1—6 月	6909.8	10.4	6813.2	12.8
1—7 月	6938	10.5	6074.1	12.8

（续表）

2018 年	商品房月度价格	同比增速	住宅月度价格	同比增速
1—8 月	7060.4	11.3	6462.8	5.4
1—9 月	7155.5	12.6	6449.2	5
1—10 月	7246.7	14.4	6435.5	5
1—11 月	7337.9	15.5	6421.9	4.3
1—12 月	7429	16.1	6408.3	4.4

数据来源：安徽省统计局。

二、不同地级市房地产业投资对比分析

在全省房地产业投资总体呈不断扩张趋势的同时，省内不同地级市的房地产业投资却存在明显的分化。本部分主要对各地级市房地产业投资总体对比、房地产市场供给情况以及土地交易市场情况进行详细分析。

（一）各地级市房地产业投资总体对比分析

2008—2018 年，在安徽不同地级市房地产业投资总体规模不断扩大的同时，房地产业投资不断转向省内相对发达的地级市，不同地级市的房地产业投资差异不断扩大。省内前六市房地产业投资总和从 2008 年的 967.6 亿元升至 2018 年的 3993.2 亿元；后六市房地产业投资总和由 166.8 亿元持续升至 593.5 亿元；前、后六市房地产业投资总和悬殊倍数从 2008 年的 5.8 倍波动升至 2018 年的 6.7 倍。这反映出安徽各地级市房地产业投资整体保持规模扩张，但投资不断分化的态势。此外，近十年来前六市占省内房地产总投资的比重相对稳定，而后六市占比则不断减少，占比由 2008 年的 12.3％降至 2018 年的 9.9％。主要原因如下：一是不同地级市经济发展的程度、政府政策及房地产业投资不同，导致各地对住房的需求不同，房地产业投资出现分化；二是由于长期的城乡二元结构及城镇化发展，造成人口逐渐流向公共服务较完善的城市，加剧了房地产业投资分化；三是不同地区房地产的资本价值存在差异，进一步扩大了不同地区的房地产业投资分化态势。

具体数据详见表 5 - 6 所列。

表 5 - 6　2008—2018 年安徽房地产业投资分化状况

年份	前六市房地产投资总额（亿元）	占当年总投资比重（%）	后六市房地产投资总额（亿元）	占当年总投资比重（%）	悬殊倍数（=前六/后六）
2008	967.6	71.6	166.8	12.3	5.8
2009	1185.3	71.0	213.4	12.8	5.6
2010	1547.0	68.0	312.0	13.8	5.0
2011	1731.1	66.8	451.2	17.4	3.8
2012	2064.1	65.5	408.5	13.0	5.1
2013	2583.7	65.5	526.6	13.3	4.9
2014	2780.2	64.1	513.9	11.8	5.4
2015	2959.5	66.9	405.3	9.2	7.3
2016	3072.6	66.7	422.4	9.2	7.3
2017	3816.5	68.0	469.9	8.	8.1
2018	3993.2	66.8	593.5	9.9	6.7

数据来源与说明：各年《安徽统计年鉴》《安徽统计月报》。

（二）房地产市场供给情况的比较分析

衡量房地产市场供给的标准有很多，在此主要选取房地产竣工面积作为衡量标准。对安徽不同地级市近十年房地产竣工面积进行对比分析，发现近十年来，安徽各地级市房地产竣工面积逐年增加，不断趋于平稳。其中，合肥房地产竣工面积一直处于安徽前列，其房地产竣工面积相当于省内排名相对靠后的其他 8 市的竣工面积总和。

具体来看，2018 年，房地产企业竣工房屋面积排名前三的地级市分别为合肥的 1360.62 万平方米、芜湖的 816.2 万平方米和蚌埠的 519.1 万平方米。而排名靠后的 8 个地级市如黄山、池州、淮北以及亳州等，其房地产开发企业竣工面积总和为 1368.77 万平方米，仅相当于合肥的竣工面积。可见安徽各地级市商品房竣工面积虽不断增加，但差距逐渐明显。这主要由于合肥、芜湖和蚌埠等相对发达地级市相比于黄山、池州、亳州等相对落后地级市的房地产市场起步早，技术水平与管理制度先进。

具体数据详见表 5－7 所列。

表 5－7　2008—2018 年安徽各地级市房地产开发企业竣工房屋面积

（万平方米）

城市 \ 房地产竣工面积 \ 年份	2008	2009	2010	2011	2012	2013	2014	2015	2016	2017	2018
合肥	560.13	600.55	794.61	892.91	921.02	1435.33	1055.13	1033.9	1180.33	1179.34	1360.62
淮北	68.1	110.23	55.24	77.18	70.47	79.92	112.09	161.67	176.36	120.26	160.26
亳州	18.1	37.56	16.43	90.48	40.63	147.2	147.08	139.64	173.14	83.69	174.32
宿州	106.5	113.45	127.07	180.07	263.17	209.58	147.15	267.83	470.38	288.21	381.5
蚌埠	112.74	173	216.66	272.95	191.7	208.91	538.59	478.8	424.28	543.38	519.1
阜阳	130.31	103.26	136.23	140.49	139.02	176.59	111.66	253.3	313.89	143.34	240.5
淮南	161.46	126.25	138.07	131.5	229.98	157.28	173.85	170.43	228.19	113.77	112.3
滁州	123.46	174.71	182.44	317.06	355.97	541.2	479.86	471.29	384.72	252.1	361.6
六安	102.08	121.49	99.62	171.72	162.91	198.47	203.07	279.21	320.48	203.66	276.6
马鞍山	234.67	179.18	165.36	306.52	296.22	354.19	451.33	559.79	371.25	478.04	621.2
芜湖	167.53	217.91	293.76	409.09	474.95	709.55	780.12	628.69	625.66	644.07	816.2
宣城	139.55	169.84	94.75	150.32	170.12	192.81	221.73	273.45	97.46	135.58	257.2
铜陵	58.26	115.48	65.19	44.32	136.78	254.55	168.6	354.63	246.62	166.84	227.6
池州	89.91	144.62	124.17	130.18	176.89	125.08	155.15	110.05	109.45	74.83	114.7
安庆	209.19	197.78	233.05	183.53	198.85	280.52	307.27	287.24	194.92	241.16	248
黄山	97.2	100.23	107.78	130.41	136.71	109.18	143.68	67.82	65.81	76.43	81.86

数据来源：各年《安徽统计年鉴》《安徽统计月报》。

（三）土地交易市场比较分析

2008—2018 年，全省土地购置面积、土地成交面积与成交额整体呈逐年波动上升趋势。自 2008 年开始，土地购置面积增速由正转负，2009 年增速降至－14.67％。2010—2011 年，全省土地购置面积增速扭负为正，土地成交款再次保持高速增长。原因可能是面对金融危机的持续影响，投资者为实现资产保值增值以及政府对房地产早期的利好政策积累的房地产业投资潜力进一步得到释放，社会对房地产市场的需求不断上升，导致土地交易市场回暖，土地交易频繁。2012—2015 年，全省当年土地购置面积和土地成交款增速波动下行。2016—2017 年，全省土地购置面积与土地购置费不断回升，结束了前几年土地购置同比负增长的状况。2018 年，全省土地购置面积以及成交价略有下降，这主要是由于 2018 年安徽经济形势好转，消费者预期有所增强，沿海经济发达地区的房价管控趋严，房地产市场热度不断向内地蔓延，导致安徽房地产市场逐渐回暖并升温，土地交易频繁。

以下对皖北地区、皖中地区以及皖南地区的土地交易面积与成交额进行对比分析。2018 年，在全省土地交易面积与成交额呈整体下降趋势的背景下，皖北六市的土地交易面积与成交额同比增长较快，其中亳州土地交易面积同比增长 75.9%，成交额同比增长 18.3%，阜阳土地交易面积同比增长 40.3%，宿州土地成交额同比增长 53.1%。而皖中及皖南地区的土地交易面积同比上年略有下降。其中较为明显的是皖中地区的安庆土地成交面积同比下降 41.7%，皖南地区的马鞍山土地成交面积同比下降接近 50%，土地成交额同比下降 42%。这主要是由于皖北地区房地产不断起步、技术水平和管理制度逐渐完善，此外，政府政策的不断倾斜与淮河经济带的建立，吸引房地产企业去皖北地区加大开发与投资的力度。与此同时，在全国房地产整体下行的背景下，皖中与皖南地区政府对土地市场的监管与开发越来越苛刻，门槛效应增强，最终导致皖北、皖南与皖中土地成交面积趋势的差异。

具体数据详见表 5 - 8 和表 5 - 9 所列。

表 5 - 8 2018 年安徽各地级市土地成交面积与成交额

城市	土地成交面积（亩）	同比增长（%）	成交额（亿元）	同比增长（%）
全省	46655	6.3	1580.14	−12.1
合肥	8835.92	−6.2	625.9	−19.9
淮北	2120	20.4	38.31	16.1
亳州	5063.78	75.9	111.63	18.3
宿州	4286.52	29.3	63.86	53.1
蚌埠	2437.49	3.6	90.96	25.6

（续表）

城　　市	土地成交面积（亩）	同比增长（%）	成交额（亿元）	同比增长（%）
阜阳	7449.14	40.3	193.08	－2.1
淮南	1654.08	－8.1	30.42	－8.6
滁州	4880.65	－3.7	100.88	－26.2
六安	2868.09	7.1	63.03	－13.1
马鞍山	869.39	－45.7	27.84	－42
芜湖	2108.45	－20	99.58	－6.1
宣城	1099.67	－9.8	37.65	22.2
铜陵	639.28	－52.4	11.16	－68.9
池州	477.35	106.1	20.17	121.6
安庆	1193.79	－41.7	56	－1.1
黄山	671.1	－27.4	9.65	－60.8

数据来源：安徽省统计局网站。

表5-9　2008—2018年安徽土地交易和土地购置情况

年　　份	本年购置土地面积（万平方米）	同比增长（%）	土地购置费（亿元）	同比增长（%）	本年土地成交价款（亿元）	同比增长（%）
2008	2248.47	－0.50	269.90	58.11	214.46	24.07
2009	1918.59	－14.67	292.00	8.19	235.62	9.87
2010	2451	27.75	517.20	77.12	359.97	52.77
2011	3294.99	34.4	567.35	9.70	602.70	67.43
2012	2618.78	－20.5	525.27	－7.42	473.96	－21.4
2013	2760.18	5.4	651.48	24	641.63	35.4
2014	3029.58	9.8	832.88	27.8	711.02	10.8
2015	1805.93	－40.39	641.99	－22.92	479.32	－32.59
2016	2142.70	18.60	622.08	－3.1	660.36	37.77
2017	3776.5	76.3	942.4	51.5	1797.7	172.2
2018	2939	－22.2	916.6	－2.7	1580.14	－12.1

数据来源：各年《安徽统计年鉴》《安徽统计月报》。

三、房地产业投资总体效率评价

房地产业投资效率是衡量房地产市场发展的关键性指标，房地产业投资效率越高越有利于市场稳定发展。为此，笔者以 2018 年相关数据为基础，对安徽房地产业投资效率进行实证研究。

（一）指标选取

DEA 模型属于非参数效率评价分析，当被评价对象有多个投入与产出指标时，DEA 可以通过测量多个指标来评价它整体的效率。DEA 在分析多投入多产出时具有显著优势，因此本部分采用 DEA 对安徽房地产业投资进行效率评价。考虑到 DEA 的指标选取中投入指标尽可能小、产出指标尽可能大。因此，房地产业投资效率评价指标选取具体如下：

1. 投入指标

投入指标选取本年投资完成额、房屋新开工面积以及房地产业平均就业人数。本年投资完成额是指房地产开发单位开发用于租售的商品住宅等房屋工程所完成的投资额。房屋新开工面积是指房地产开发企业报告期内新开工建设的房屋面积，此处以单位工程为核算对象。房地产业平均就业人数是指一年内平均从事房地产业的人数，能够较好地反映房地产业的劳动力投入。

2. 产出指标

产出指标选取商品房竣工面积和商品房销售额。商品房竣工面积是指在报告期内房屋建筑按照设计要求已经全部完工，达到住人与使用条件，经验收鉴定合格，正式移交使用单位的房屋建筑面积的总和。商品房销售额是指在报告期内出售商品房屋的合同总价款。

安徽房地产业投资评价指标体系见表 5-10 所列。

表 5-10　安徽房地产业投资评价指标体系

<table>
<tr><td rowspan="5">房地产业投资效率评价指标体系</td><td rowspan="3">投入指标</td><td>本年完成投资额</td></tr>
<tr><td>房地产业平均就业人数</td></tr>
<tr><td>房屋新开工面积</td></tr>
<tr><td rowspan="2">产出指标</td><td>商品房竣工面积</td></tr>
<tr><td>商品房销售额</td></tr>
</table>

（二）模型设定

采用以投入为导向的BCC模型，将2018年安徽各地级市投入与产出指标数据带入模型，见表5－11所列。其中，技术效率、纯技术效率、规模效率和规模报酬分别反映了各地级市的房地产业投资效率水平、在规模报酬可变条件下的房地产业投资效率水平、房地产业投资规模水平以及规模水平变化导致的房地产业投资效率变化情况。

表5－11　2018年安徽各地级市房地产业投资效率评价结果

城　　市	技术效率	纯技术效率	规模效率	规模报酬
合肥	1	1	1	不变
淮北	0.643	0.987	0.651	递增
亳州	0.753	0.772	0.976	递减
宿州	1	1	1	不变
蚌埠	0.857	0.897	0.955	递增
阜阳	0.83	0.951	0.873	递减
淮南	0.657	0.727	0.905	递增
滁州	1	1	1	不变
六安	0.971	1	0.971	递减
马鞍山	1	1	1	不变
芜湖	1	1	1	不变
宣城	1	1	1	不变
铜陵	0.7	0.949	0.738	递增
池州	0.686	1	0.686	递增
安庆	1	1	1	不变
黄山	0.758	1	0.758	递增

注：技术效率值等于纯技术效率和规模效率的乘积。

（三）结果分析

由表5－11可以得出以下结论：第一，六安与亳州处于规模报酬递减阶段，表明了这两个地区房地产业投资规模扩大导致投资效率下降，因此六安与亳州两市应控制房地产业投资规模。第二，合肥、宿州、滁州、马鞍山、芜湖、宣城以及安庆7个市处于规模报酬不变阶段，即这些地级市的房地产业投资规模处于最优状态。第三，剩余的7个地级市处于规模报酬递增阶段，表明了这7个地级市适当增加房地产业投资规模可以提高房地产业投资效率。总的来说，2018年安徽房地产业投资效率整体水平中等，呈现良好的发展趋势，但地区房地产发展规模还是存在较大的差异，皖江地区的发展具有较大的优势。这主要由于皖江地区比皖北地区有着更优越的地理位置以及科技创新技术，属于安徽省经济与科技的核心地带，城市建设和房地产开发较为成熟，房地产业投资效率也相对较高。

从技术效率，即总体效率来看，在所分析的16个市中，总体效率为1的市有7个；从纯技术效率来看，超过65%的城市优于平均水平，同时，纯技术效率为1的池州和黄山作为非DEA城市，其技术效率均小于1，这表明这两个市的纯技术有效而规模无效；从规模效率来看，亳州、淮北、池州、淮南、六安、铜陵、黄山、阜阳以及蚌埠均没有达到完全规模有效。这主要由于皖北地区大多以农业为主，经济建设与发展相对落后，城市建设跟不上房地产开发规模。此外，人口流向相对发达的城市，导致皖北居民对房子的需求量在下降，商品房数量供大于求，因此房地产业投资规模效率较低。

第三节　安徽与中部其他省份房地产业投资对比分析

中部六省指的是河南、山西、湖北、安徽、江西和湖南。本节围绕这六个省份，从房地产开发投资增长情况、房地产市场供给情况以及房地产销售情况这三个方面做对比分析。

一、房地产开发投资的比较分析

房地产开发投资主要是通过房地产开发投资额来反映的。安徽作为中部大省，交通便利，拥有优越的先天优势。随着2010年国务院正式批复《皖江城市带承接产业转移示范区规划》，皖江城市带在国家政策帮扶下的快速发展也为安徽房地产业的发展壮大提供了源源不断的动力。具体情况如下：

2009—2010 年，安徽的房地产业投资总额排在首位，紧随其后的是河南。2011 年，河南房地产业投资总额则首次超过了安徽，达到 2626.5 亿元。2012—2013 年，国务院常务会议出台了“新国五条”政策，对房地产市场实行从严调控，强调降低对住房的投机性需求，对房地产行业实行限购与限贷的政策，维持房地产市场平稳发展。由于受到该政策的影响，安徽房地产开发投资额又再次超过了河南，在中部六省中拔得头筹。2014 年，随着“930 新政”住房贷款新政策的落地实施，各省市均放开对房地产市场的限购与限贷政策，放开对首套房、二套房、多套房的认定。由于该新政策的推行，各省市房地产市场发展限制被解除，房地产价格均有所回暖。经过一系列的调整，安徽房地产开发投资略低于河南的 4375.7 亿元，达到了 4339 亿元，排名中部第二。到了 2015 年，央行、住建部、银联会联合发文，全国二套房首付降至四成，在此政策的基础上，河南在房地产业投资方面又再次超过安徽，跃居第一。2016 年，随着二胎政策的正式实施以及中央经济工作会议指出的要落实地方政府主体责任、房价上涨压力大的城市合理增加土地供应和提高住宅用地等政策的实行，河南房地产业投资首度突破 6000 亿元，达到了 6179.1 亿元，同比增长 28.2%，继续保持房地产业投资中部领头羊的地位，安徽则以 4603.6 亿元屈居第二。在这六个省中，同比增长速度较快的还有江西和湖南，分别增长 16.5%和 13.1%。2017 年，河南房地产业投资首次超过 7000 亿元，达到了 7136.7 亿元，同比增长 15.5%，依旧稳居中部第一的位置。安徽则以超过 5000 亿元的投资额继续排在第二位。这六个省份中，同比增长较快的还有湖南和江西，分别增长了 15%和 14.6%。与上一年相比，湖北房地产业投资额增速较为缓慢，仅为 8.6%，而山西更是出现了负增长，投资总额下降了 0.3 个百分点。河南投资增长小幅度下降，下滑 12.7 个百分点。湖南和江西变化幅度不大，其中湖南比上年上涨 1.9 个百分点，江西下滑 1.9 个百分点。

2018 年，安徽全面落实中央各项决策部署，以“六稳”为目标，立足抓项目、补短板、稳投资，加快固定资产投资项目落地开工步伐。

安徽以 5974.11 亿元的投资总额位列中部六省第二位。就投资额增速而言，山西和湖南增长较快，分别为 18%与 15.2%。江西、安徽和湖北投资额增速较为缓慢，分别为 8%、6.4%和 2.6%。河南投资额出现了负增长，但变化幅度不大，下降了 1.1 个百分点。可以看出，房地产开发投资总额水平较低的省份，2018 年出现了较大幅度的增长；而投资总额已经处于较高水平的省份，2018 年的投资水平趋于平稳状态。

2009—2018 年，安徽房地产业投资持续稳定增长，由原有的规模快速扩大向聚焦结构的优化转变，由追求增长速度的提升向追求增长的效益转变。对于这十年间的房地产同比增长率而言，六省增速起伏不定，大体在波动中呈现下降趋势。具体如下：

2009 年，由于前期对住房消费的拉动政策与相关信贷政策逐步落实、前期政策效果的不断积累，安徽房地产市场开始重新焕发生机，但由于房地产市场面临的外部环境仍存在一定的风险与不确定性，安徽房地产开发增速仍未能在中部位于前列。2010 年，由于国家出台政策促进房地产市场发展，各省市房地产价格都在上涨，宏观经济形势稳中向好。安徽、河南、湖北和湖南房地产开发投资增速都在 35%左右，相差不大。安徽房地产开发企业顺应国家形势，加大对房地产行业的投资力度，房地产开发投资增速为 34.9%，与 2009 年相比增加了 12.4 个百分点，位于中部第三。2011 年，由于 2 月份出台的房地产调控新举措“限房价，竞地价”的影响，安徽房地产开发投资增速下降幅度较为明显，仅为 27.9%。河南、湖南、湖北三省的房地产开发投资增速也不同程度地下降。2012 年，安徽在“国五条”政策的影响下，房地产开发投资增速较上一年再降 7.2 个百分点，达到 20.7%，居中部第三。2013 年，安徽在央行降准、降息以及企业以价换量等因素的共同作用下，刚性需求开始释放，房地产业投资同比增长率开始缓慢回升，达到 25.2%，居中部第四。2014 年随着本次房地产市场的持续调整，房地产企业销售情况不容乐观，库存增加，房地产厂商资金回笼不及时，企业经营风险加大。各省房地产开发投资增速均有不同幅度的回落。安徽增速为 10%，排在中部第四，创近 7 年来新低。2015 年，央行再次进行 5 次降息，并且还有 3 次降准备金，但安徽房地产开发投资增速出现较大幅度下降，仅增长 2%。河南、湖北、湖南、山西增速显著回落，尤其是湖南增速首次降为负值，仅为－9.4%。江西增速有所回升，为 14.9%，居中部第一。2016 年，安徽房地产投资同比增长 4%，上涨幅度不大，房地产投资额依旧仅次于河南，达到了 4603.6 亿元。2017 年，全省房地产开发投资延续年初快速增长的势头，商品房销售小幅回升，房地产市场总体保持平稳运行态势，全省房地产开发投资突破 5000 亿元，达 5612.5 亿元，增长 21.9%，增速居中部首位。江西、河南、山西均出现增速回落，山西省出现了 8 年间的首次负增长。

2018 年，全省房地产开发投资保持稳定态势，各月份的开发投资额大致相同，在 500 亿元左右波动。全年商品房销售面积较 2017 年增长了 9.1%，销售面积突破 10000 万平方千米；全年商品房销售额较上年增长 20.6 个百分点，销售额突破 7000 亿元；商品房待售面积较 2017 年下降 16.8 个百分点，为 1682.6 万平方米。安徽始终贯彻落实国家“房住不炒”“坚决遏制房价持续上涨”“去库存”的政策，并取得了显著成果，房地产市场逐步趋于稳定，由快速增长向优化结构转变。2018 年，中部六省投资增速出现分化，相较于 2017 年，山西省和湖南省增速有所加快，其他省份的增速出现不同程度的下降，尤其是河南省，由 15.5%的高位增速下降至负增长。

2009—2018 年中部六省房地产开发投资及同比增长率变动情况见表 5－12 所列。

表 5－12　2009—2018 年中部六省房地产开发投资及同比增长率变动情况

（亿元，%）

年份	安徽		河南		湖北		湖南		江西		山西	
	投资额	同比增长率	投资额	同比增长率	投资额	同比增长率	投资额	同比增长率	投资额	同比增长率	投资额	同比增长率
2009	1669.8	22.5	1553.8	28.8	1200.4	34.5	1084.6	13.5	634.5	15.9	477.3	46.1
2010	2251.8	34.9	2114.1	36.1	1618.2	34.8	1469.1	35.5	706.8	11.4	592.2	24.1
2011	2590.1	27.9	2626.5	24.2	2066.5	27.7	1943.8	32.3	867.0	22.7	790.2	33.4

（续表）

年份	安徽		河南		湖北		湖南		江西		山西	
	投资额	同比增长率	投资额	同比增长率	投资额	同比增长率	投资额	同比增长率	投资额	同比增长率	投资额	同比增长率
2012	3151.6	20.7	3035.3	15.6	2539.5	22.9	2210.5	13.7	969.6	11.8	1010.5	27.9
2013	3946.2	25.2	3843.8	26.6	3286.0	29.4	2628.3	18.9	1174.6	21.1	1308.6	29.5
2014	4339.0	10.0	4375.7	13.8	3983.8	21.2	2883.6	9.7	1322.5	12.6	1403.6	7.3
2015	4424.9	2.0	4818.9	10.1	4249.2	6.7	2613.8	−9.4	1520.1	14.9	1494.9	6.5
2016	4603.6	4.0	6179.1	28.2	4296.4	1.1	2957.0	13.1	1770.9	16.5	1597.4	6.9
2017	5612.5	21.9	7136.7	15.5	4665.9	8.6	3400.6	15.0	2029.5	14.6	1198.0	−0.3
2018	5974.1	6.4	7015.5	−1.1	4693.1	2.6	3946.0	15.2	2174.9	8.0	1376.6	18.0

数据来源：国家统计局。

二、房地产市场供求情况对比分析

衡量房地产市场供给情况的标准有很多，在此主要选取了房地产施工面积以及竣工面积作为其衡量标准。对安徽以及其他五个省近十年的房地产施工面积以及竣工面积进行对比分析，发现在这十年，安徽房地产施工面积和竣工面积都处于六省前列，说明安徽住房制度改革在不断深化，居民生活水平也在不断提高。

（一）房地产施工面积平稳增长，始终居于六省前列

2009—2018 年，中部六省的房地产市场均实现了不同程度的发展。河南作为中部六省中的人口大省，一直致力于响应国家号召推行城镇化建设，完善房地产市场机制以推动房地产市场更好更快地发展，大力支持房地产开发投资，一直处于中部的领先地位。安徽作为人口大省，房地产开发投资与施工面积也处于领先水平，仅次于河南。江西和山西由于地理位置与人口数量等因素，房地产施工面积虽逐年增长，但仍处于中部地区的落后水平。

具体来看，2009—2011 年，安徽与湖南的房地产施工面积相差不多，增速也相差不大。但是 2012—2015 年，湖南房地产施工面积增速减慢，安徽房地产施工面积增速快于湖南，两省之间的房地产施工面

积差距拉大。湖南位于中部六省第三位，湖北位于中部六省第四位。2016 年，国家不断出台政策，降低贷款利息与存款准备金，为全国房地产市场营造良好的发展环境，但在中央强调去库存的背景下，各省房地产施工面积增速依旧缓慢，对比前几年房地产施工面积增速，有较大的回落。安徽由于前期房地产开发投资增速回落，房地产施工面积增速也增长缓慢，2016 年安徽房地产施工面积同比增长率为 4.1%，远低于 2014 年之前的房地产施工面积增长率。2017 年，安徽房地产施工面积达到了 38068.69 万平方米，排在中部第二，低于河南的 48425.69 万平方米，增速为 6.8%，仅低于江西 12.78%。其他四个省份增速均不超过 3%，其中山西更是首次出现了负增长，房地产施工面积同比增长率为－4.4%。

2018 年，安徽房地产开发投资增长率相比于上年开始回落，房地产施工面积增速比上年只是略有上升，相比于房地产行业飞速发展的 2013 年，出现了显著下滑。2018 年，安徽房地产施工面积为 41128.34 万平方米，施工面积累计增长率为 5%，房地产新开工施工面积为 10849.59 万平方米，增长率为－4.8%，可见安徽房地产市场已经逐渐降温。河南保持了一贯的领先地位，2018 年房地产施工面积更是突破 5000 万平方米。山西和湖北 2018 年房地产施工面积分别为 16949.56 万平方米和 31315.6 万平方米，房地产施工增速分别为 2.9%和 2.6%。

综上所述，安徽与河南作为人口大省，享有优越的地理位置，通过大力响应国家政策与推行城镇化，已经牢牢占据了中部六省房地产行业的领先地位。

2009—2018 年中部六省房地产施工面积情况见表 5 - 13 所列。

表 5 - 13　2009—2018 年中部六省房地产施工面积情况

（万平方米，%）

省份	指标	2009 年	2010 年	2011 年	2012 年	2013 年	2014 年	2015 年	2016 年	2017 年	2018 年
山西	房地产施工面积	5486.7	7599.8	9307.96	11714.28	14040.05	15476.89	15734.48	17069.25	16322.8	16949.56
	同比增长率	40.83	38.51	22.48	25.85	19.85	10.23	1.66	8.5	－4.4	2.9

（续表）

省份	指标	2009年	2010年	2011年	2012年	2013年	2014年	2015年	2016年	2017年	2018年
安徽	房地产施工面积	14165.5	17620	20785.8	24836.06	30235.2	33479.11	34244.67	35645.44	38068.69	41128.34
	同比增长率	20.77	24.39	17.97	19.49	21.74	10.73	2.29	4.1	6.8	5
江西	房地产施工面积	6755.6	7229.9	8461.38	9465.63	11995.67	13332.64	15293.6	16427.25	18526.95	20738.65
	同比增长率	6.48	7.02	17.03	11.87	26.73	11.15	14.71	7.4	12.78	10.3
河南	房地产施工面积	16071.5	20394	25343.32	29559.36	35979.33	38857.6	40994.4	47359.55	48425.69	54685.56
	同比增长率	15.57	26.9	24.27	16.64	21.72	8	5.5	15.5	2.25	9.5
湖北	房地产施工面积	9546.5	11589.4	13922.07	16819.71	21865.81	26321.99	28296.28	29879.88	29907.97	31315.6
	同比增长率	22.38	21.4	20.13	20.81	30	20.38	7.5	5.6	0.09	2.6
湖南	房地产施工面积	13727.7	16801.9	20341.84	21356.89	25400.09	27747.75	28322.13	30139.38	31022.34	35781.53
	同比增长率	28.11	22.39	20.07	4.99	18.93	9.24	2.07	6.4	2.93	12.9

数据来源：国家统计局。

（二）房地产竣工面积持续小幅下降

2009—2018年，安徽与山西的房地产竣工面积呈现先增后减的趋势，河南、湖南、江西、湖北呈逐年递增的态势。安徽不断深化住房改革制度，推动房地产市场稳定发展，竣工面积一直处于中部六省第二的位置。2016年以来，国家对房地产市场重新从严调控，安徽放慢房地产开发投资速度，竣工面积也开始逐步回落。

具体来看，2009年，随着宏观经济的回暖、政府一系列措施的出台，安徽房地产施工面积增加，竣工面积增长12.6%，居中部六省首位。2010年，国家为促进房地产市场平稳健康发展，先后发布了“国十一条”和“新国十一条”，对房价过快上涨进行遏制，安徽房地产竣工面积也相应回落，总体竣工面积回落至中部第三位。2011—2014年，由于刚需与经济上行，国家虽相继出台一系列措施缓慢调控房地产增速，但只能暂时缓解房地产价格上涨速度，房地产市场依旧坚挺，安徽房地产竣工面积在这几年中持续上涨，稳居中部第二。2015年，除安徽与江西以外，其余四个省的竣工面积均为负增长。河南经过之前几年的快速增长之后，终于迎来首次下滑，且幅度较大，达到了－26.41％。2016年，安徽土地级市场成交下跌，总体住房库存水平仍处较高位，房地产开发企业主要以去库存为主，投资购地的积极性不高，再加上企业对政策观望的原因，安徽房地产竣工面积由2015年的5537.74万平方米降至2016年的5382.95万平方米，出现了近年来的首次负增长。除江西与安徽外，其余四省的房地产竣工面积均有不同程度的增长。2017年，由于房地产调控措施的继续推行以及各房地产企业着力于去库存，安徽房地产竣工面积继续下降，增速为－11.8％。2017年，江西房地产竣工面积1854.4万平方米，增速达到13.4％，位列中部第一。房地产竣工面积增速排在第二位的是湖北，增速为1.9％。除江西与湖北外，中部其余四省的房地产竣工面积均出现不同程度的负增长。

2018年，安徽房地产竣工面积保持了连续几年的下降状态，房地产竣工面积为4488.4万平方千米，同比增长率为－5.5％。河南不断深化改革住房制度，竣工面积实现了正增长。山西与湖北也出现了不同程度的竣工房屋面积增长速度回落。2018年，一方面，由于多年来的积累与发展，房地产行业已经出现了存量巨大的现象，理应由之前的高速发展阶段转变为优化结构阶段；另一方面，由于人们的消费需求变得更加多元，房地产行业也应该转变发展路径，更好地满足人民日益增长的需要。国家顺应时代的变化，提出房地产市场改革的一系列措施。各级政府顺应国家号召，根据实际情况贯彻实施“房子是用来住的，不是用来炒的”这一口号。因此，2018年各省的房地产施工面积大多有所回落。

2009—2018年中部六省房地产开发企业竣工房屋面积情况见表5－14所列。

表 5－14　2009—2018 年中部六省房地产开发企业竣工房屋面积情况

（万平方米，%）

省 份	指 标	2009 年	2010 年	2011 年	2012 年	2013 年	2014 年	2015 年	2016 年	2017 年	2018 年
山西	房地产竣工面积	861.1	1203.7	2110.43	1732.99	2284.82	2182.48	2114.49	2683.59	1969.92	1407.95
	同比增长率	−6.45	39.79	75.33	−17.88	31.84	−4.48	−3.12	26.9	−26.6	−28.5
安徽	房地产竣工面积	2861.2	3026.7	3628.73	3965.39	5180.35	5196.37	5537.74	5382.95	4747.71	4488.4
	同比增长率	12.6	5.78	19.89	9.28	30.64	0.31	6.57	−2.8	−11.8	−5.5
江西	房地产竣工面积	1646.8	1817.7	1906.06	1747.48	1790.26	1871.79	1907.89	1635.61	1854.4	2031.76
	同比增长率	3.78	10.38	4.86	−8.32	2.45	4.55	1.93	−14.3	13.4	9.6
河南	房地产竣工面积	3401	4426.9	5527.42	5870.54	5965.87	7324.34	5390.32	6299.44	6201.71	6655.23
	同比增长率	12.39	30.16	24.86	6.21	1.62	22.77	−26.41	16.9	−1.6	7.3
湖北	房地产竣工面积	2312.1	2541.2	3221.05	3273.71	3040.84	3431.18	2785.17	3127.49	3219.72	2773.99
	同比增长率	12.35	9.91	26.75	1.63	−7.11	12.84	−18.83	12.3	1.9	−13.8
湖南	房地产竣工面积	2965.2	3347.9	4146.31	4457.97	4593.76	4022.89	3969.96	4533.74	4084.05	4160.98
	同比增长率	23.87	12.91	23.85	7.528	3.05	−12.43	−1.32	14.2	−9.9	1.9

数据来源：国家统计局。

三、房地产市场销售额的对比分析

2009—2018 年，中部六省房地产销售额与销售面积呈逐步上涨的态势，安徽房地产销售面积与销售额均稳居中部前三。

具体来看，2010—2011 年，宏观经济回暖，房地产市场交易规模继续扩大，安徽商品房销售面积增速超过 10％，除江西商品房销售面积略有下降之外，其余五省的商品房销售面积都逐年增长。2012 年，国土资源部对房地产行业做出指示，要求各地坚持“房住不炒”的定位，继续实施房地产市场调控政策，在一系列房地产调控政策的作用下，仅安徽、湖南和山西的商品房销售面积保持微弱的增长。2013 年，“新国五条”提出要增加普通商品住房及用地供应，在此政策的督促下，安徽房地产销售面积首度突破 6000 万平方米，同比增长 29.75％，实现了 4 年间首次赶超湖南，跃居中部六省第二。除山西商品房销售面积增速下降之外，其他五省均有所回升。2014 年，由于购房者处于观望状态，另外各种调控政策也在不断改变，致使商品房市场成交量呈下行趋势。中部六省房地产销售面积较 2013 年出现了较大规模的降幅，安徽销售面积甚至出现了负增长，由 2013 年的 6265.35 万平方米降至 2014 年的 6202.18 万平方米。2015 年，国家连续降息、降房贷利率，在一系列刺激措施的带动下，除安徽外，中部其他省份房地产销售面积均实现回升。2016 年房地产市场迎来本轮周期的高点，全年成交规模创历史新高，中部六省商品房销售面积均有所增长。安徽商品房销售面积以及增速依旧稳居中部第二的位置。2017 年，安徽商品房销售面积为 9200.7 万平方米，排在中部第二；增速为 8.24％，排在中部第四。

2018 年，安徽商品房销售面积为 10038.4 万平方米，排在中部第二，增速为 9.1％，排在中部首位。在国家深化住房制度改革、健全房地产长效机制等稳定房地产市场的政策影响下，河南、湖北、江西、山西均出现了房地产销售面积增速回落的现象，各省房地产销售面积增速均低于 10％。山西省回落幅度最大，销售面积增速降至 2.3％。安徽由于棚户区改造政策利好以及刚需市场潜力充足，在房地产调控政策下，仍然实现了房地产销售面积的小幅增长。

2009—2018 年中部六省商品房销售面积情况见表 5－15 所列。

表 5－15　2009—2018 年中部六省商品房销售面积情况

（万平方米，%）

省份	指标	2009 年	2010 年	2011 年	2012 年	2013 年	2014 年	2015 年	2016 年	2017 年	2018 年
安徽	商品房销售面积	4030.92	4154.26	4605.58	4828.81	6265.35	6202.18	6174.09	8499.65	9200.7	10038.4
	同比增长率	44.69	3.06	10.86	4.85	29.75	－1.01	－0.45	37.7	8.24	9.1
河南	商品房销售面积	4335.09	5452.23	6275.16	5968.49	7310.21	7879.67	8556.34	11306.27	13313.89	13990.5
	同比增长率	35.81	25.77	15.09	－4.89	22.48	7.79	8.59	32.14	17.8	5.1
湖北	商品房销售面积	2718.05	3508.61	4187.62	4037.85	5298.54	5601.98	6244.55	7427.16	8155.21	8865.38
	同比增长率	39.99	29.09	19.35	－3.58	31.22	5.73	11.47	18.9	9.8	8.7
湖南	商品房销售面积	3513.72	4469.98	4900.33	5150.48	5952.38	5439.53	6363.01	8085.36	8532.25	9239.15
	同比增长率	32.32	27.22	9.63	5.1	15.57	－8.62	16.98	27.1	5.5	8.3
江西	商品房销售面积	2280.91	2469.73	2416.85	2397.1	3167.06	3067.16	3478.23	4691.84	5841.9	6200.7
	同比增长率	32.03	8.28	－2.14	－0.82	32.12	－3.15	13.4	34.9	24.5	6.1
山西	商品房销售面积	1034.2	1180.59	1284.78	1497.88	1642.82	1576.27	1592.55	2061.1	2415.61	2360.9
	同比增长率	3.97	14.15	8.83	16.59	9.68	－4.05	1.03	29.4	17.2	2.3

数据来源：国家统计局。

2009—2018 年，中部六省房地产销售额实现了不同程度的增长，河南、安徽、湖北稳居中部六省房地产销售额上位圈。江西和湖南的房地产销售额也实现了较大幅度的增长，山西房地产销售额虽逐年增加，但早期房地产销售额基数较小，至2018年仍处于中部六省末位。

具体来看，2009—2010年，随着国家一揽子计划的贯彻落实，中国经济实现回升，总体形势稳中向好。中部六省房地产开发投资也开始出现加快的迹象，六省销售额不同程度地上升，2010年安徽以1746.92亿元的销售额居中部六省首位。2011年，国家出台“新国八条”并进行二、三线城市限购，各省房地产销售增速开始回落，安徽房地产销售额增速降至25.92%，仅有湖北和江西出现小幅增长。2012年，除了山西增速上升外，其余五省同比增长率均有所下降。其中，安徽的同比增长率为5.92%，下降了20个百分点。2013年，“新国五条”发布，六省销售额继续上涨，其中安徽、河南、湖北、江西的商品房销售额同比增长较快，湖南增速较为缓慢，而山西同比增长率则下降了5.9个百分点。2014年，一方面房贷进一步收紧，房地产信贷额度总体偏紧；另一方面开发商和购房者的观望情绪比较浓厚，六省房地产销售额同比增长率大幅下降，安徽商品房销售额为3345.19亿元，增长5.1%。2015年，受上年“930新政”的影响，各省房地产销售额增长率均有所回升，而安徽三、四线城市由于前期库存过高、需求相对疲软，商品房销售额为3369.42亿元，增长仅为0.72%。2016年，金融信贷显著放宽，各种利好政策频出，加上股市动荡，消费者的观望态度减弱，对商品房的需求增加，商品房销售额有所回升，增速明显加快，尤其是安徽的房地产市场发展态势良好，在六个省中增幅最大，达到49.4%。2017年，去库存和遏制房地产市场过热措施在各省市展开，三、四线城市去库存的政策也一直延续，在这些政策背景下，六省销售额增速普遍回落，安徽回落幅度最大，由上年的49.4%下降到16.5%，下降了32.9个百分点。

2018年，安徽商品房销售额为7077亿元，居中部第三位；增速为20.6%，居中部第一位，比2017年增速同比回升4.1%。2018年，安徽通过完善公积金制度、健全房地产运行机制、合理化棚户区改造货币化安置方案等措施，在平稳房地产市场的同时取得了小幅的增长。而中部地区的山西、江西、河南、湖北四省均出现了不同程度的增速回落，可见各省政府在响应国家抑制房地产市场过热的政策上取得了良好的成绩。

2009—2018 年中部六省商品房销售情况见表 5－16 所列。

表 5－16 2009—2018 年中部六省商品房销售情况 （亿元，%）

年份	山西		安徽		江西		河南		湖北		湖南	
	商品房销售额	同比增长率	商品房销售额	同比增长率	商品房销售额	同比增长率	商品房销售额	同比增长率	商品房销售额	同比增长率	商品房销售额	同比增长率
2009	279.99	19.51	1378.39	67.79	602.8	63.38	1155.9	54.85	960.03	64.78	941.6	54.02
2010	411.71	47.05	1746.92	26.74	776.41	28.8	1658.79	43.51	1313.2	36.79	1406.39	49.36
2011	441.03	7.12	2199.67	25.92	1002.44	29.11	2196.81	32.43	1878.73	43.07	1857.35	32.07
2012	579.89	31.49	2329.88	5.92	1137.35	13.46	2286.67	4.09	2036.2	8.38	2085.23	12.27
2013	728.26	25.59	3182.87	36.61	1647.9	44.89	3074.14	34.44	2790.32	37.04	2525.64	21.12
2014	746.14	2.46	3345.19	5.1	1621.76	−1.59	3440.58	11.92	3088.31	10.68	2299.11	−8.97
2015	775.64	3.95	3369.42	0.72	1863.67	14.91	3945.55	14.68	3661.37	18.56	2738.92	19.13
2016	1027.1	32.4	5035.55	49.4	2678.37	43.7	5612.9	42.26	4994.05	36.4	3751.86	37
2017	1357.83	32.2	5865.8	16.5	3592.5	34.1	7129.4	27	6258.92	25.3	4460.66	18.9
2018	1610.6	18.6	7077	20.6	4219.9	17.5	8055.3	13	7531.38	20.3	5353.99	20

数据来源：国家统计局。

第四节 安徽房地产业投资存在的问题、对策及其发展展望

2018 年，安徽房地产业投资开发增速较快，商品房销售同比略有增长，房地产市场总体保持平稳运行态势，但房地产业投资仍存在着需要重视的问题，如房地产区域发展不平衡、资金投向不合理等。本节分析安徽房地产业投资存在的主要问题及相应的对策措施，并在此基础上对安徽未来的房地产业投资情况进行展望。

一、房地产业投资存在的问题

目前，安徽房地产业投资主要存在房地产区域发展不平衡、房地产建设住房供需矛盾等问题。

（一）房地产区域发展不平衡，各地级市房地产业投资分化明显

近年来，安徽房地产业投资总体保持平稳运行的态势，但区域发展不平衡的问题越来越凸显。一些基础设施完善以及经济发展质量较高的城市，商品房的需求量、成交额以及成交量都比较理想。而地理位置较差以及经济发展相对落后的城市，商品房的需求量较小，导致大量的商品房供大于求，成交额与成交量均不理想。随着时间的推移，地区间的房地产发展越来越不平衡，投资分化逐渐加大。具体来看，2018 年安徽各地级市房地产开发投资对全省房地产开发投资增长的贡献率排在前六位的依次为：合肥、阜阳、蚌埠、芜湖、滁州、亳州，以上 6 个城市贡献了 2018 年安徽房地产开发投资总量的 66.8％，而剩余 10 个城市的贡献率为 33.2％。这表明安徽区域发展不平衡，不利于全省房地产业投资健康发展。

（二）房地产建设住房供需矛盾加剧

2008—2018 年，安徽住宅开发投资持续稳定增长，然而供给与需求的结构性矛盾却不断加剧。当前房地产需求者多为 80 后、90 后，由于受到资金的限制，这些购房者对商品房的主要需求以小户型为主。但是，房地产开发企业从理性的角度出发，其房地产资金主要投向大户型商品房，导致安徽商品房结构性供需矛盾，满足广大购房者的小户型住房越来越少，间接性地造成普通住宅房价上涨，中低收入者买不起房，与此同时商品房库存严重。而收入较高者的需求弹性较小，房价的上涨对其影响不大，最终导致供需结构性矛盾不断加剧的恶性循环。

（三）房地产业投资增速波动较为明显，房价不断上升

近年来，虽然安徽省房地产业投资规模总体呈不断上升趋势，但增速波动较大。安徽房地产业投资增速由 2008—2010 年的普遍在 20％以上降至 2011—2016 年的个位数，但 2017 年安徽房地产业投资增速再次大幅上升至 21.9％，2018 年降至 6.4％。造成增速波动如此大的原因在于安徽房地产投资环境相对不够完善以及政府管控力度不足。此外，近几年安徽商品房年度价格处于不断上升的趋势，造成居民生活压力增大以及违背“房子是用来住，不是用来炒”的观念。这

主要是由于当前收入分配机制不合理以及房地产供求结构矛盾所导致。

二、解决房地产业投资问题的对策

结合当前供给侧结构性改革的大背景以及安徽房地产业投资的实际情况，具体可以从以下几个方面来促进房地产市场的健康平稳运行。

（一）加强对房地产业投资的引导，促进区域平衡发展

当前安徽房地产业投资规模仍处于不断递增阶段，政府应充分发挥自身的监督引导作用，促进不同地级市房地产业投资合理化。一方面，政府应加大对房地产企业的“开发—建设—销售”等环节的监管力度，加强对土地的监管和规划，改革土地招拍挂制度，因地制宜地制定适合省内不同地级市的土地招拍挂制度。另一方面，制定区域性的房地产政策，妥善解决当前房地产业投资中存在的分级现象。首先，加强省内各地级市之间的联系，通过加强区域间的合作，推动房地产业投资向经济发展水平较低的城市流动。其次，对于房价过高的地级市，政府应制定相关的住房建设政策，以满足中低收入者的住房需求。最后，加快房地产信息化建设步伐。房地产开发企业应不断准确地了解当前房地产信息与消费者的需求意愿，避免盲目的投资行为，最终促进房地产业投资平稳有效运行与区域平衡发展。

（二）缓解住房供需结构矛盾，加快居民需求住房建设

针对当前房地产资金投向不合理产生的住房供需矛盾问题，政府应因地制宜地制定满足居民需求住房的相关配套供应政策，并严格实施，使居民需求的住房与安徽实现市场化的住房规划之间保持一种稳定协调的关系，最终起到缓解居民住房的供需结构矛盾以及更好地满足中等收入者的购房需求。具体来看，政府在居民需求住房开发项目和土地上可以采取拍卖招标方式，规定户型标准、销售价格、销售对象以及尝试推行“锁定房价，拍卖地价”，明确所拍卖土地仅能用于建设居民需求住房，通过上述方式既考虑了中低收入者的购房能力，又把握了政府对相关资源的投入能力与积极性。

（三）改善投资环境，促进房地产业投资稳定发展

可以从改革投资管理方式以及促进地区交流来改善房地产业投资

的政策环境。一方面，政府应积极引导投资方式多元化，通过引入先进的管理方式与理念，充分调动房地产业投资者的积极性和创造性。并运用互联网信息技术，促进房地产业投资的不断合理化与投资环境的不断改善以及缓解房地产业投资规模增速波动较大等问题。另一方面，加大力度破除地区间投资严重分化的问题，深化区域间交流与合作，促进要素共享、信息互通和区域经济的一体化发展，最终促进房地产业投资稳定发展。

（四）完善政策体系，合理控制商品房价格

针对商品房年度价格较高的问题，可以从以下两方面进行缓解。一是促进住宅多元化建设。各地政府应根据自身情况适当增加住宅建设，可以推出住宅多元化，如增加廉租房、经济适用房等其他房屋类型，以满足不同群体的需求。也可以对房地产行业提供适当的政府援助，如贷款支持或者政策放松等，在降低房地产成本的同时，促进房价下降与居民生活压力的减轻。二是完善收入分配机制，提高居民收入。当前安徽省居民的收入处于较低水平，较低的收入越来越难以满足日益增加的生活需求，因此政府可以通过降低税收、完善收入分配机制等途径促进居民可支配收入的增加。收入的增加会促进消费与减缓房价上升带来的不利影响，有利于安徽省经济高质量发展。

三、房地产业投资展望

本节在对前文分析安徽房地产业投资基本情况的基础上，对未来几年安徽省房地产业的投资趋势进行预测。

（一）不同地级市的房地产业投资分化依旧明显

依据近些年全省各地级市房地产发展趋势结果分析表明，房地产市场开发投资力度与人口流向以及城镇化发展水平相关。一般来说，人口流入较大的城市，其商品房投资增幅往往较快，而如池州、宿松、铜陵等人口流入性较低的地区，房地产开发投资的增幅明显偏低。此外，商品房投资增幅较大的城市基本是城镇化程度相对偏低的城市，尤其是阜阳、蚌埠、亳州等皖北城市。这主要是由于城镇化率相对较低的城市一般具有较高的市场发展潜力与较大的市场发展空间。预计未来几年，安徽房地产开发重心仍将放在皖北六市，皖北六市开发投资仍将处于领先位置。

2019—2021 年安徽各地级市房地产业投资额预测情况见表 5 - 17 所列。

表 5 - 17 2019—2021 年安徽各地级市房地产业投资额预测情况

城 市	2019 年		2020 年		2021 年	
	预测值（亿元）	增长（%）	预测值（亿元）	增长（%）	预测值（亿元）	增长（%）
合 肥	1687.4	10.5	1793.4	6.3	1899.5	5.9
淮 北	121.8	−7.5	120.5	−1.1	119.2	−1.1
亳 州	393	7.7	435	10.7	476.9	9.6
宿 州	329	10.7	359.8	9.4	390.7	8.6
蚌 埠	632.9	9.7	689	8.9	746	8.3
阜 阳	649.6	10.1	735	13.1	820.4	11.6
淮 南	209.2	−5.9	225.7	7.9	242.1	7.3
滁 州	475.5	7.6	511.1	7.5	546.7	7
六 安	352.6	6.9	387.5	9.9	422.4	9
马鞍山	236.1	2.5	237.4	0.5	238.7	0.5
芜 湖	490.6	−0.5	502.5	2.4	514.3	23
宣 城	197.8	−0.06	200.9	1.6	204	1.5
铜 陵	143	−9.3	146.7	2.6	150.4	2.5
池 州	72.7	−2.7	68.5	−5.8	64.4	−6
安 庆	184.4	−2	194.5	5.5	204.6	5.2
黄 山	124.1	−17.9	122.6	−1.2	121.1	−1.2

（二）房地产开发投资增速持续回落

根据 2008—2018 年安徽房地产开发投资完成额及增速分析，预计 2019—2021 年，安徽房地产业投资增速会逐年减缓，房地产业投资额同比增长预计分别为 7.1%、7.2%、6.7%。此外，预计 2019—2021 年，商品房销售面积、房屋施工面积、竣工面积以及新开工面积增速略有减缓，去库存压力减缓。具体原因如下：一方面，由于商品房销售增速的持续回落，将传导至房地产开发投资；另一方面，2018年对房地产开发投资贡献较大的土地购置费用受基期因素影响，另外房地产开发企业施工投资承压也逐渐增大。

2019—2021年安徽房地产开发主要指标及预测情况见表5-18所列。

表5-18　2019—2021年安徽房地产开发主要指标及预测情况

指标	单位	2019年		2020年		2021年	
		预测值	增长(%)	预测值	增长(%)	预测值	增长(%)
房地产开发投资	亿元	6396.9	7.1	6857.7	7.2	7318.6	6.7
施工面积	万平方米	45912	11.6	48972.4	6.7	52032.8	6.2
新开工面积	万平方米	11491.7	5.9	12031.6	4.7	12571.5	4.5
竣工面积	万平方米	5852.4	30.4	6119.5	4.6	6386.6	4.4
商品房销售面积	万平方米	10139.4	1	10818.6	6.7	11497.8	6.3
商品房销售额	亿元	6715.9	-5.1	7285.1	8.5	7854.2	7.8
土地购置面积	万平方米	3037	3.3	3104.2	2.2	3171.4	2.2

（三）各城市房价差异缩小，整体保持低位运行

从近几年的房价走势情况来看，在差异化政策的引导下，安徽各地级市房价变动差异缩小。从未来的房价走势来看，预计各城市仍会将保持房价平稳作为一项重要的调控目标，房价不会出现大幅上涨。预计安徽各地级市的房价仍会保持分化，但分化趋势会因为差异化政策而有所减弱。人口流入城市和经济发展潜力大的地区仍存在房价上涨的压力，但涨幅不会超过10%。未来，皖北地区和长三角城市群的房价涨幅相对会较高。

第六章　安徽民间投资分析

民间投资是民营经济的“晴雨表”，它是刺激经济活力的重要力量源泉。改革开放以来，我国的民间投资不断发展壮大，已成为促进经济发展、调整产业结构、繁荣城乡市场、扩大社会就业的重要力量。安徽同样也是受益者。近年来，随着放开市场准入、减税降费、推动产权保护等多项激发民间投资活力政策的逐步落实，安徽各地努力营造良好的市场环境，为民营企业开辟更广阔的发展空间，民间投资始终保持较快增长。目前，民间投资已成为全省发展和壮大民营经济、加快产业转型升级、实施乡村振兴战略、促进高质量发展的重要力量。本章对安徽民间投资环境、民间投资现状以及存在的问题进行分析，并提出相应的对策建议。

第一节　安徽民间投资的环境分析

一、民间投资的经济环境分析

民间投资的发展状况与所处的经济环境可以说是密不可分，因此通过对经济环境进行分析，可以反映出民间投资发展所处的宏观环境，也能够在一定程度上反映出民间投资发展与宏观经济环境之间的内在联系。本节将对全国及安徽的经济发展情况进行简要分析，旨在反映出安徽民间投资发展所处的宏观经济环境氛围，为后续的分析奠定一定的基础。

（一）全国经济发展下行压力较大，固定资产投资增速下降

近年来，我国经济发展逐步从强调经济增长速度向更加注重经济

增长质量转变，GDP 年均增长率已从原来的两位数下降至 7%以下。全国 GDP 增长率从 2012 年的 7.9%，一路下行至 2018 年的 6.6%，期间在 2017 年虽有小幅的提高，但总体仍然呈现出不断下降的趋势。2019 年全国两会期间，李克强总理介绍了 2019 年经济社会发展的主要预期目标，包括“GDP 增长 6%～6.5%”。可见全国经济发展仍然面临着较大的下行压力，此时应该进一步刺激市场活力，增强民间投资对经济发展的促进作用。

我国固定资产投资（不含农户）从 2012 年的 364854 亿元增长至 2018 年的 635636 亿元，但其增速一直处于下降趋势。固定资产投资增速从 2012 年的 20.6%，一直下降至 2018 年的 5.9%，其中 2014 年与 2015 年下降的幅度最大，分别达到了 3.9%与 5.7%。这两年下降较快主要是因为自党的十八大召开后，中央对我国经济发展目标与任务做出了全新的部署，尤其是随着五大发展理念的提出，逐渐从强调经济发展速度向更加注重经济发展质量转变，且随着供给侧结构性改革的推进，对于产能过剩行业的投资力度大大减弱，新动能投资还处于起步阶段，因此，在新旧动能过渡期间，我国固定资产投资增长率大幅下降。

2012—2018 年我国 GDP 增速、固定资产投资增速与民间投资增速情况如图 6－1 所示。

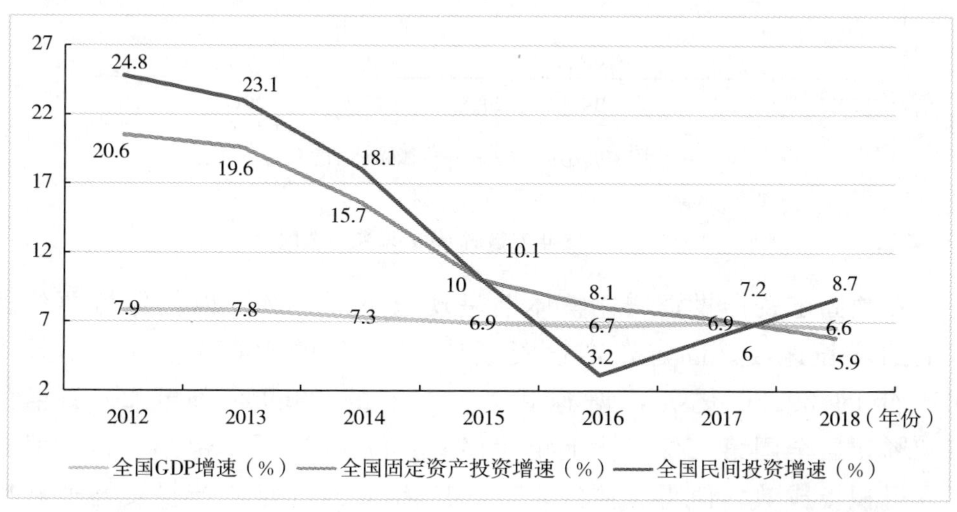

图 6－1　2012—2018 年我国 GDP 增速、固定资产投资增速与民间投资增速情况

（二）安徽经济增长率和固定资产投资增速均高于全国平均水平

安徽 GDP 增速，从 2012 年的 12.1%，一直下滑至 2018 年的 8.02%，其中 2013 年和 2014 年下降幅度较快，分别下降了 1.66 与 1.24 个百分点，下降幅度较快主要也是因为调整产业结构、转变发展方式。安徽 GDP 增速变化趋势与全国 GDP 变化趋势基本相似，都处于下降的态势，但安徽 GDP 增速一直高于全国水平，不过两者之间的差额呈逐渐缩小的趋势，其差额由 2012 年的 4.2 个百分点，缩小至 2018 年的 1.42 个百分点，可见安徽经济发展也面临着较大的下行压力。

2012—2018 年安徽省 GDP 增速与全国对比情况如图 6-2 所示。

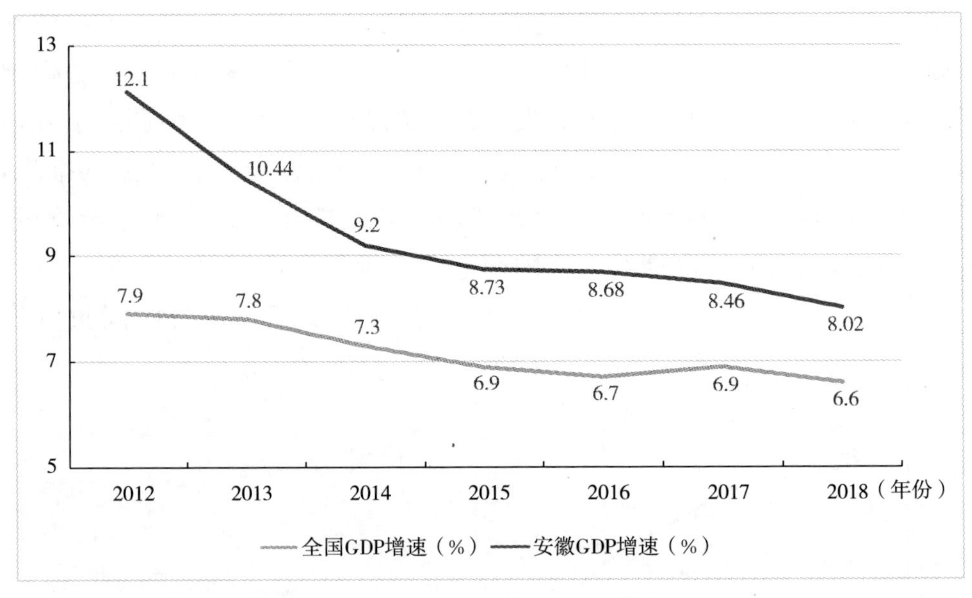

图 6-2 2012—2018 年安徽省 GDP 增速与全国对比情况

安徽固定资产投资增速整体上呈现出下降趋势，但仍保持两位数以上的增长速度。固定资产投资额从 2012 年的 15055 亿元，增长到 2017 年的 29186 亿元，增速由 2012 年的 23.9% 降至 2018 年的 11.8%，居全国第二位（比上年前移 9 个位次），居中部第一位，稳投资取得积极成效。值得关注的是，2017 年安徽固定资产投资增速触底后反弹，而全国固定资产投资仍处于继续下降的趋势，且差距在 2018

年进一步拉大，2018 年安徽固定资产投资增速是全国增速的 2 倍。

2012—2018 年安徽省固定资产投资增速与全国对比情况如图 6 - 3 所示。

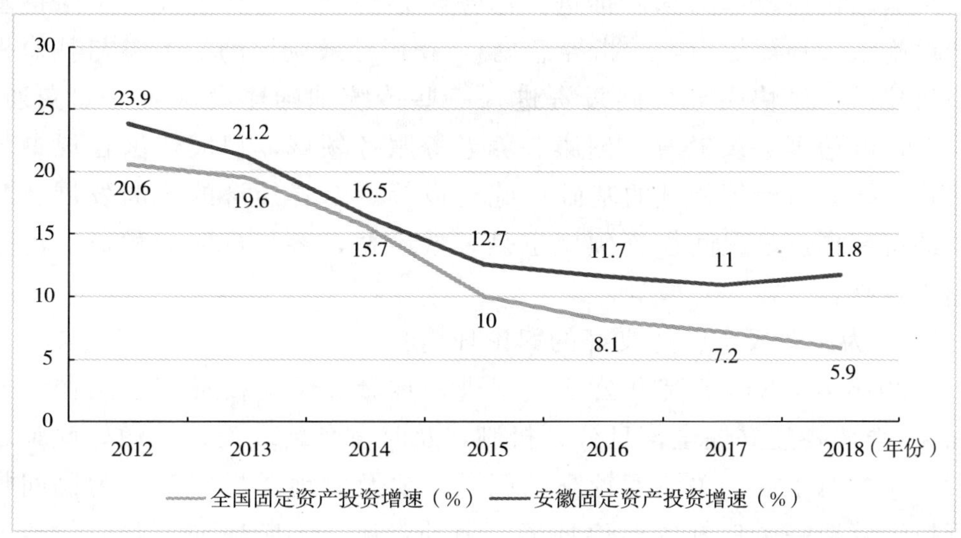

图 6 - 3　2012—2018 年安徽省固定资产投资增速与全国对比情况

二、民间投资的政策环境分析

改革开放以来，随着市场经济的发展，尤其是加入世界贸易组织以来，我国市场的开放程度逐步提高，而民间投资在一定程度上代表了市场的开放程度，所以从党中央、国务院到各个省、市均出台了诸多关于民间投资的鼓励措施。下面笔者将梳理党中央、国务院及安徽近年来在鼓励民间投资方面出台的一些政策措施。

（一）党中央、国务院高度重视民间投资工作

党中央、国务院高度重视民间投资的健康发展工作，近年来出台了诸多总领性的文件与通知，要求各省（区、市）人民政府高度重视民间投资工作。

1. 激发民间投资活力，逐步放开民间投资领域

2005 年和 2010 年，国务院分别出台了鼓励支持与引导民间投资的相关意见，分别被大家称之为“非公经济 36 条”和“新 36 条”，要

求在市场准入方面放宽对民间资本的限制，且首次提出了鼓励民间资本参与国企改革等，极大地激发了民间投资的活力与信心，有力地促进了民间投资支持中国经济发展和产业结构优化升级。2018 年，随着供给侧结构性改革的深入推进，国务院办公厅又出台了《关于保持基础设施领域补短板力度的指导意见》，积极地鼓励民间资本参与补短板项目建设，尽快引导民间投资进入一些传统基础建设领域（如交通、油气、电信等）及教育、健康、养老等服务领域，积极依法合规参与扶贫、污染防治等领域的基础设施建设等。随着经济的不断发展、改革的持续推进，民间投资领域也是越放越宽，参与投资的积极性也是越来越高。

2. 为民间投资营造良好的舆论环境

2016 年，《国务院办公厅关于进一步做好民间投资有关工作的通知》，强调要建立健全信息公开机制，及时发布新政策，并做好政策解读工作。对于社会关注度较高的问题，要及时地予以解答，为民间投资持续营造一个良好的舆论环境。另外，还要不断地加大政府信息公开的力度，满足民营企业的信息服务需求。同时，要重视经验总结，对于各地政府的好做法、好经验，要积极向全国推广，对于不作为、乱作为的案例，也要作为反面教材进行曝光。总之，要在舆论上为民间投资站好台、打足气，提振民间投资的信心，促进民间投资健康发展。2018 年，国务院开展了第五次督查活动，对各地包括促进民间投资方面的先进经验、创新做法给予了通报表扬，为激励各地加强民间投资工作，起到了很好的舆论引导作用。

3. 为民营企业创造权利平等、机会平等、规则平等的投资环境

2005 年和 2010 年出台的“非公经济 36 条”和“新 36 条”明确要求对待民间投资要一视同仁，不能戴有色眼镜。2014 年，《国务院关于创新重点领域投融资机制鼓励社会投资的指导意见》中又进一步要求，要充分发挥民间资本的积极作用，实行统一的市场准入，创造平等的投资机会。2017 年，国务院办公厅下发《关于进一步激发民间有效投资活力促进经济持续健康发展的指导意见》，要求各地区、各部门要全面梳理已出台的鼓励民间投资政策措施，逐项检查落实情况，且

再次强调民间资本应享受“权利平等、机会平等、规则平等”，凡是法律没有明确禁入的行业和领域，各类投资主体都可以进入，对于可以向外资开放的领域，都可以向民间资本开放。2018 年，习近平总书记在民营企业座谈会上指出，国家保护各种所有制形式的经济产权与合法利益，并提出了做好民间投资的六个方面的工作，其中就特别强调了要为民营企业营造公平的竞争环境，打破各种壁垒，给民营企业创造广阔的市场空间。

（二）安徽持续推进民间投资健康发展

安徽在鼓励与支持民间投资发展方面，积极制定政策措施，不断优化投资环境，大力推进相关涉企政策的落实，充分激发了民营经济的创新源泉与创造活力，有效促进了民营经济的繁荣发展。

1. 坚持非禁即准，逐步扩大民间投资领域

安徽积极跟进国务院有关鼓励与引导民间投资发展的意见，相继出台了诸多支持民间投资发展的文件通知。2010 年，安徽省人民政府发布了《关于鼓励和引导民间投资健康发展的实施意见》，要求各地方政府要坚持“非禁即准、平等待遇”的原则，保证民间投资能够平等地参与市场竞争，调整和优化国有资本布局，为民间投资开拓更宽广的领域，鼓励各地结合实际情况，试点把民间投资发展纳入经济社会的总体规划。2016 年，安徽省人民政府发布了《关于补短板增强经济社会发展动力的实施意见》，要求进一步放宽市场准入，鼓励和引导民间资本进入法律法规未明确禁止准入的行业和领域，广泛推广政府和社会资本合作（PPP）模式，破解民办教育、民办医疗、民办养老等社会事业的瓶颈制约。2018 年，安徽在《大力促进民营经济发展的若干意见》中指出，要帮助民营企业开拓市场，推动形成专业化的协作配套机制，加大政府采购向民营等小微企业的倾斜力度。

2. 构建“亲”“清”新型政商关系，真心实意支持民间投资发展

安徽在服务民营企业工作中，一直把民营企业当作自己人，致力于构建新型的政商关系，为民营企业提供真情服务。2016 年，《中共安徽省委安徽省政府关于进一步促进民间投资的若干意见》，指出通过建立和完善政府与企业之间的长效沟通机制，进一步构建“亲”“清”

的新型政商关系。明确要求建立领导干部联系民营企业制度，实实在在地支持民营企业发展。2017 年，安徽省人民政府办公厅《关于进一步激发民间有效投资活力促进经济持续健康发展的实施意见》，要求坚持问题导向，突出政策引导，突出优化环境，突出可操作性，结合安徽实际，全面梳理公布“不见面审批（服务）”事项，全面推行“网上受理、网端推送、快递送达”的办理模式。依托第三方机构，每年组织开展促进民间投资政策落实情况评估，定期发布全省促进民间投资发展报告。

第二节　安徽民间投资的现状分析

近年来，安徽省高度重视民间投资的作用，积极实施一系列关于鼓励民间投资的配套政策措施，有效拓宽了民间投资的范围和领域，推动了民间投资持续快速发展。目前，安徽民间投资的环境不断优化，投资者的意愿和信心逐步提振，投资活力不断增强，民间投资已成为推动经济增长、增加劳动就业和提高居民生活水平的重要支撑力量。本节运用对比分析方法，定量分析安徽民间投资的总体发展情况、区域与行业特征，具体进行了全省民间投资的总量和增长率分析、省内各地级市民间投资比较分析、主要行业民间投资比较分析等。

一、民间投资的总体情况分析

通过对 2012—2018 年安徽省民间投资的总量及增长率等有关数据的分析，笔者发现安徽民间投资总体呈现出以下一些特点：

（一）总量持续增加，增速反弹明显

安徽民间投资总额由 2012 年的 9016.2 亿元，一直增长至 2018 年的 22791 亿元，其中在 2013 年突破一万亿元，年均增长在 2000 亿元以上，民间投资总量五年内基本实现翻倍。安徽民间投资总额在 2018 年首次超过两万亿元，在安徽民间投资发展史上具有里程碑式的意义。十八大以来，安徽民间投资增速呈现出先升后降再反弹的特点。其中，

2013年民间投资增速最快，达到了25.6%，较2012年增加6.6个百分点；随后开始下滑，一直回落到2016年的6.5%，降幅达到19.6个百分点。但随着放开市场准入、减税降费、推动产权保护等多项激发民间投资活力政策的逐步落实，安徽民间投资自2017年开始反弹，至2018年，全省民间投资增长18.5%，同比提高3.6个百分点。

2012—2018年安徽民间投资完成额及其增速如图6-4所示。

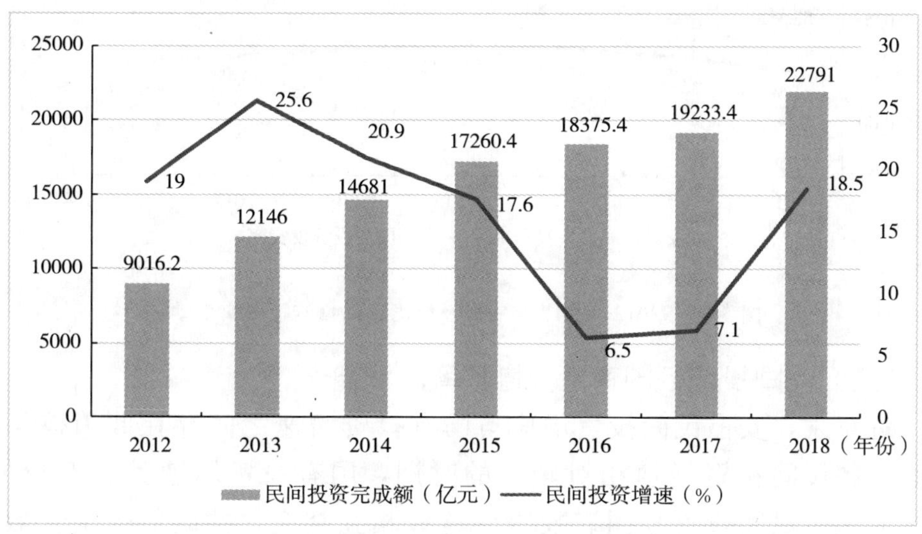

图6-4　2012—2018年安徽民间投资完成额及其增速

数据来源：各年《安徽省统计年鉴》，安徽省统计局。

（二）投资率增长迅速

安徽省民间投资率（民间投资额占GDP的比重）从2012年的52.38%，增长至2015年的78.44%，四年间增长超过26个百分点。民间投资率在2012年之后呈现出快速增长的态势，主要是政府此前出台多项鼓励民间投资的政策措施效果开始显现，尤其是十八以来，随着简政放权及深化改革力度的加大，民间投资活力又重新点燃，投资率开始跨上新的台阶。2015年达到高点后，在2016年与2017年略有回调，民间投资率分别为75.29%与71.19%，2018年投资率又反弹回升，达到73.32%。2016年与2017年小幅下调，主要是受房地产市场改革影响，房地产业投资出现下滑趋势，导致民间投资率有所下降。

但从总体上看，2012—2018 年安徽省民间投资率基本上呈逐年上升的态势，且民间投资率一直高于全国水平。

2012—2018 年安徽及全国民间投资投资率变动如图 6-5 所示。

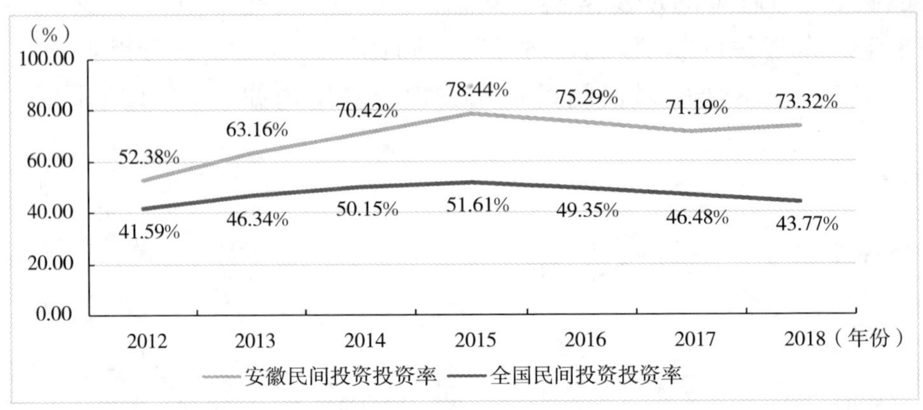

图 6-5 2012—2018 年安徽及全国民间投资投资率变动

（三）民间投资与国有投资增长率此消彼长

近年来，安徽民间投资增速与国有投资增速之间存在此消彼长的关系，在民间投资增速相对较高的时期，国有投资增速就相对较低，反之亦然。民间投资与国有投资的这种相互补充，共同促进了安徽省整体投资的稳定与发展。

具体来看，2012 年、2016 年与 2017 年，安徽国有投资增速高于民间投资增速，主要是因为产能过剩的周期性行业持续低迷，制约了民间投资的发展，与此同时政府相应加大了国有投资的比重。2013 年、2014 年、2015 年和 2018 年，安徽民间投资增速高于国有投资增速。究其原因，随着政府各项鼓励民间投资政策措施的实施，安徽从增收节支方面对民间投资注入了强大的发展动力，因此民间投资增速开始逐步回升，最终超过国有投资。

2018 年，安徽民间投资自年初开始就一直保持在高位运行，其中 2 月份同期增幅达到了 20.4%，为近五年来新高，而固定资产投资增幅比较平稳，基本稳定在 12%左右。与民间投资形成鲜明对比的是国有经济投资增速却一直处于低位运行，全年投资增长率没有超过 2%，且年初还出现了负增长。

2012—2018 年安徽固定资产投资、民间投资与国有经济投资增速情况如图 6-6 所示。

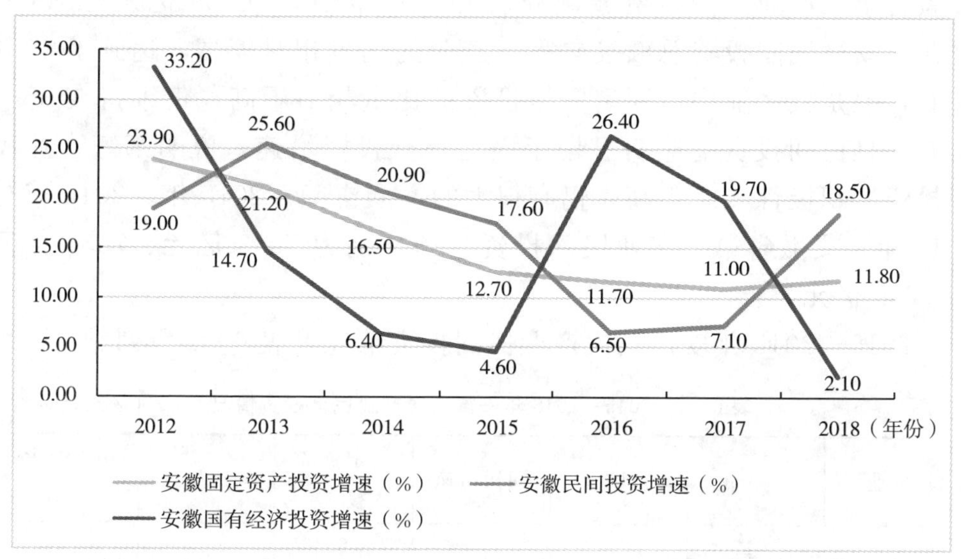

图 6-6　2012—2018 年安徽固定资产投资、民间投资与国有经济投资增速情况

二、各行业民间投资情况分析

从三次产业及行业大类对安徽省民间投资进行比较分析发现，民间投资占第二产业投资的比重相对较大，制造业与房地产业民间投资占比较高。具体情况如下：

（一）三次产业民间投资情况

安徽三次产业民间投资的主要特点：第一产业投资额度最小，发展速度缓慢；第二产业投资额度最大，增长较快；第三产业增长平稳，发展空间较大。安徽民间投资总额中投向第一产业的比重最小，仅为全部民间投资总额的 4%左右，但其产业内占固定资产投资的比重最高，反映出第一产业民间投资的积极性仍然较高。2015 年、2016 年与 2017 年安徽省第一产业民间投资金额分别为 687 亿元、712 亿元与 658 亿元，其中 2017 年较 2016 年出现了 54 亿元的下滑。安徽民间投资总额中投向第二产业的比重最大，基本上占到全部民间投资总额的55%左右，说明第二产业仍然是民间投资的主要方向，其产业内占固定资产投资的比重与第一产业基本持平。2015 年、2016 年与 2017 年，安徽省第二产业民间投资金额分别为 9271 亿元、10029 亿元与 10865 亿元。安徽民间投资总额投向第三产业的比重相对较高，达到了 40%左右，但是其产业内占固定资产投资的比重相对不高，仅维持在 55%左右，且民间投资增速明显慢于固定资产投资增速，说明第三产业民间投资的积极性相对不高，仍有很大的发展空间。2015 年、2016 年与 2017 年，安徽省第三产业民间投资金额分别为 7303 亿元、7635 亿元与 7709 亿元。

2015—2018 年安徽三次产业民间投资情况见表 6－1 所列。

表 6－1 2015—2018 年安徽三次产业民间投资情况 （亿元，%）

产 业	年 份	民间投资	同比增速	固定资产投资	同比增速	民间投资占比
第一产业	2015	687	—	763	40.8	90.0
	2016	712	3.6	813	6.5	87.5
	2017	658	－7.5	776	－4.6	84.9
	2018	—	—	—	33.0	—
第二产业	2015	9271	—	10699	13.6	86.7
	2016	10029	8.2	11626	8.7	86.3
	2017	10865	8.3	13016	11.9	83.5
	2018	—	—	—	24.6	—
第三产业	2015	7303	—	12503	10.7	58.4
	2016	7635	4.5	13864	10.9	55.1
	2017	7709	1.0	15394	11.0	50.1
	2018	—	—	—	5.6	—

数据来源：《安徽省统计年鉴》。“—”表示未获取到相关数据。

（二）主要行业民间投资情况

为了对民间投资情况做进一步分析，我们进行横向截面数据的比较分析，即分析某年度不同行业间的民间投资情况。下面选取 2017 年安徽各行业的民间投资数据，分别从民间投资占比与民间投资增速的角度进行比较分析。

通过分析 2017 年的相关数据发现，安徽各行业民间投资具有如下特征：制造业与房地产业民间投资占全部民间投资总额的四分之三以上；19 个不同行业的民间投资中，有 3 个保持高速增长、2 个低速、其余 14 个出现不同程度的下滑。

2017 年，安徽民间投资中占比较高的行业有制造业与房地产业，这两个行业的民间投资额度超过民间投资总额的 75%，其中，制造业民间投资占全省民间投资总额的 52.71%，也就是说有超过一半以上的民间投资来自制造业；房地产业民间投资占全省民间投资总额的 22.45%，超过民间投资总额的五分之一。其余各行业民间投资占全省民间投资的比重均较低，其中农、林、牧、渔业占 3.43%，批发和零售业占 2.84%，电力、热力、燃气及水的生产和供应业占 2.82%。

2017 年，19 个不同行业的民间投资中，有 3 个保持高速增长、2 个低速，其余 14 个出现不同程度的大幅下滑。民间投资增速增长较快的行业有电力、热力、燃气及水的生产和供应业，卫生和社会工作，房地产业。其中电力、热力、燃气及水的生产和供应业民间投资增速同比增长 34.5%，增幅比全省高 5.9 个百分点；卫生和社会工作民间投资增速同比增长 22.2%，增幅比全省高 11.7 个百分点；房地产业民间投资增速同比增长 21.9%，增幅比全省高 8.2 个百分点。民间投资增速增长较慢的行业有制造业与采矿业。其中，制造业民间投资同比增长 7.9%，增幅比全省低 2.4 个百分点；采矿业民间投资增速同比增长 3.8%，增幅比全省高 4.3 个百分点。包括建筑业、科学研究和技术服务业、住宿和餐饮业等在内的 14 个行业出现不同程度的大幅下滑。其中建筑业下滑幅度最大，达到了 56.6%，降幅比全省高 4 个百分点，建筑业出现大幅下滑，主要是受自 2016 年以来安徽加强房地产市场调控的影响。

2017 年安徽行业大类投资情况见表 6 - 2 所列。

表 6-2　2017 年安徽行业大类投资情况　　（亿元，%）

项　目	固定资产投资额	民间固定资产投资额	固定资产投资内部占比	民间投资内部占比	固定资产投资增速	民间投资增速
总　计	29185.96	19176.16	100.00	100	11.0	7.1
农、林、牧、渔业	775.79	657.40	2.66	3.43	－4.7	－7.6
采矿业	231.76	162.38	0.79	0.85	－0.5	3.8
制造业	11434.28	10108.39	39.18	52.71	10.3	7.9
建筑业	72.91	43.76	0.25	0.23	－52.6	－56.6
电力、热力、燃气及水的生产和供应业	1277.42	540.23	4.38	2.82	28.6	34.5
批发和零售业	602.84	544.23	2.07	2.84	－35.0	－36.0
交通运输、仓储和邮政业	2036.46	403.93	6.98	2.11	10.6	－25.4
住宿和餐饮业	193.48	184.38	0.66	0.96	－29.7	－28.7
信息传输、软件和信息技术服务业	274.03	207.94	0.94	1.08	－8.4	－13.7
金融业	62.11	34.32	0.21	0.18	－32.5	－34.3
房地产业	6551.63	4830.41	22.45	25.19	13.7	21.9
租赁和商务服务业	612.78	395.44	2.10	2.06	－6.2	－10.8
科学研究和技术服务业	280.63	188.77	0.96	0.98	－18.6	－15.9
水利、环境和公共设施管理业	3297.60	405.06	11.30	2.11	27.4	－13.1
居民服务、修理和其他服务业	107.88	76.35	0.37	0.40	2.7	－12.3
教　育	443.38	116.80	1.52	0.61	18.2	－15.3
卫生和社会工作	255.51	122.16	0.88	0.64	10.5	22.2
文化、体育和娱乐业	254.29	106.56	0.87	0.56	5.3	－23.5
公共管理、社会保障和社会组织	421.15	47.63	1.44	0.25	－39.7	－9.1

注：根据《安徽省统计年鉴》整理后民间投资总额与行业细分与公布的民间投资总额有－57 亿元的误差额。

三、各地级市民间投资比较分析

针对安徽16个地级市近几年的民间投资完成额及民间投资增速情况进行比较分析，发现安徽各地级市民间投资具有如下特征：各地级市民间投资完成额相对稳定；皖南与皖中地区的民间投资占全省民间投资比重较大，皖北地区所占比重相对较小；民间投资增速呈现出皖北分化、皖中稳定、皖南高速的特点。

（一）各地级市民间投资完成额情况比较

通过对安徽16个地级市的民间投资完成额情况进行对比分析发现，近几年来安徽省各地级市在民间投资完成额排名上几乎没有变化。

合肥民间投资完成额及所占比重，在所有地级市中均排在首位。2015—2018年合肥分别完成民间投资4113亿元、4439亿元、3704亿元和4174亿元，占全省民间投资的比重分别为23.83%、24.16%、19.26%和18.32%，可见合肥民间投资虽排在首位，但其民间投资占全省的比重出现下降趋势。

民间投资完成额排在第二位与第三位的分别是芜湖与马鞍山。其中，2015—2017年芜湖分别完成民间投资2187亿元、2448亿元、2607亿元和3058亿元，占全省民间投资的比重分别为12.67%、13.32%、13.55%和13.42%，芜湖是除省会合肥以外唯一一个民间投资完成额超过2000亿元的城市。2015—2018年马鞍山分别完成民间投资1449亿元、1461亿元、1640亿元和1960亿元，占全省民间投资的比重分别为8.40%、7.95%、8.53%和8.60%，其与合肥、芜湖市累计民间投资比重超过全省民间投资的40%以上。

民间投资完成额排在后三位的分别是黄山、池州与淮南，其中，2015—2018年黄山民间投资完成额分别为263亿元、286亿元、290亿元和366亿元，是所有地级市中最少的，这主要与其特殊的资源环境所致；2015—2018年池州民间投资完成额分别为421亿元、451亿元、520亿元和601亿元；2015—2018年淮南民间投资完成额分别为462亿元、486亿元、603亿元和646亿元。

2015—2018年安徽省各地级市民间投资完成额及增速情况见表

6－3所列。

表 6－3　2015—2018 年安徽省各地级市民间投资完成额及增速情况

（亿元，%）

地　区	2015 年			2016 年			2017 年			2018 年		
	金额	增速	占比	金额	增速	占比	金额	增速	占比	金额	增速	占比
全省	17260	—	100	18375	6.5	100	19233	7.1	100	22791	18.5	100
合肥市	4113	—	23.83	4439	7.9	24.16	3704	－16.6	19.26	4174	12.7	18.32
淮北市	728	—	4.22	680	－6.6	3.70	730	7.4	3.80	797	9.2	3.50
亳州市	490	—	2.84	564	15.1	3.07	724	28.4	3.76	887	22.5	3.89
宿州市	930	—	5.39	984	5.8	5.36	1079	9.7	5.61	1246	15.5	5.47
蚌埠市	1047	—	6.07	1065	1.7	5.80	1164	9.3	6.05	1381	18.6	6.06
阜阳市	672	—	3.89	687	2.2	3.74	842	22.6	4.38	1090	29.4	4.78
淮南市	462	—	2.68	486	5.2	2.64	603	24.1	3.14	646	7.2	2.84
滁州市	1057	—	6.12	1202	13.7	6.54	1333	10.9	6.93	1594	19.6	7.00
六安市	649	—	3.76	648	－0.2	3.53	749	15.6	3.89	885	18.1	3.88
马鞍山市	1449	—	8.40	1461	0.8	7.95	1640	12.3	8.53	1960	19.5	8.60
芜湖市	2187	—	12.67	2448	11.9	13.32	2607	6.5	13.55	3058	17.3	13.42
宣城市	900	—	5.21	996	10.7	5.42	1096	10	5.70	1415	29.1	6.21
铜陵市	813	—	4.71	886	9	4.82	988	11.5	5.14	1175	18.9	5.15
池州市	421	—	2.44	451	7.1	2.45	520	15.3	2.70	601	15.6	2.64
安庆市	1078	—	6.25	1093	1.4	5.95	1164	6.5	6.05	1449	24.5	6.36
黄山市	263	—	1.52	286	8.7	1.56	290	1.4	1.51	366	26.2	1.61

数据来源：《安徽省统计年鉴》，表内增速为根据统计年鉴数据计算，部分数据可能与官方公布数据存在一定误差。

分区域来看，皖南与皖中地区民间投资占全省民间投资的比重较大，皖北地区所占比重相对较小。皖中地区民间投资累计占全省民间投资总额的 38.8%，居三大区域之首，其对应的固定资产投资累计占全省固定资产投资的 39.7%，居三大区域第一位；皖南地区民间投资累计占全省民间投资总额的 35.9%，居三大区域第二位，其对应的固定资产投资累计占全省固定资产投资的 33.6%，居三大区域第二位；皖北地区民间投资累计占全省民间投资总额的 25.4%，其对应的固定资产投资累计占全省固定资产投资的 26.6%，均为三大区域之末。

2015—2018 年安徽三大区域民间投资及固定资产投资平均占比情况如图 6-7 所示。

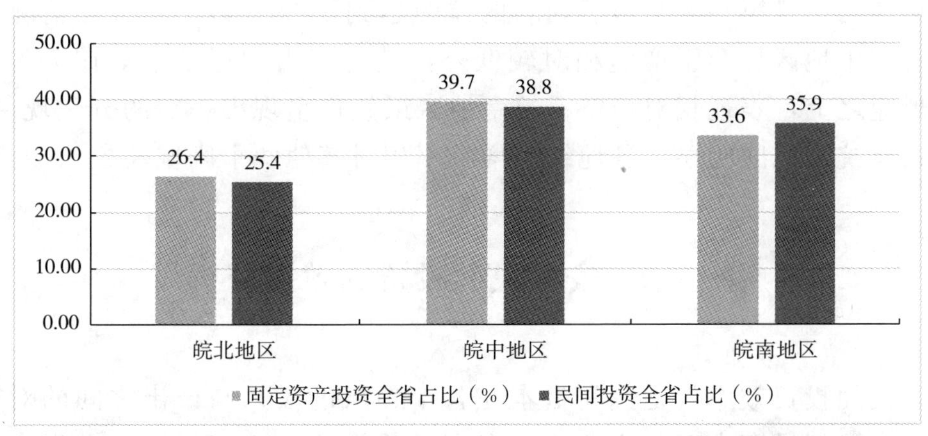

图 6-7 2015—2018 年安徽三大区域民间投资及固定资产投资平均占比情况

（二）各地级市民间投资增速情况分析

安徽各地级市民间投资增速在经过 2016 年与 2017 年的缓慢增长后，基本上在 2018 年都出现了比较大幅度的增加。尤其是合肥市在 2017 年出现严重下滑的情况下，2018 年同比增加 29.3 个百分点，为增幅最大的城市。亳州与淮南，2018 年增速相比于 2017 年却出现了不同程度的下降，两个城市分别下降 5.9 与 16.9 个百分点。

由表 6-3 可知，2018 年安徽民间投资整体上增速较前两年出现了比较明显的回升，各地级市增速呈现出比较明显的两极分化现象。排名前三的分别是阜阳、宣城与黄山，其中阜阳民间投资增速位列全省第一，达到 29.4%，同比提高 6.8 个百分点，高于全省 10.9 个百分点；宣城位列全省第二，达到 29.1%，同比提高 19.1 个百分点，高于全省 10.6 个百分点；黄山位列第三，达到 26.2%，同比提高 24.8 个百分点，高于全省 7.7 个百分点。排名后三位分别是合肥、淮北与淮南，其中，合肥 2018 年民间投资增速为 12.7%，同比提高 29.3 个百分点，低于全省 5.8 个百分点；淮北增速为 9.2%，同比提高 1.8 个百分点，低于全省 9.3 个百分点；淮南增速为 7.2%，同比下降 16.9

个百分点，低于全省 11.3 个百分点。

分区域来看，三大区域的民间投资增速呈现出皖北分化、皖中稳定、皖南高速的特点。皖北地区既包含全省排名第一，又包含排名的最后两名，且第一名与最后两名的差距达到了 20%以上，分化情况严重；皖中地区除合肥增速相对较低外，其他三市增速基本上在全省平均增速之上，表现相对稳定；皖南地区虽然也呈现出一定的分化现象，但没有皖北地区明显，各地级市增长率相对其他两个区域较高。

第三节　安徽民间投资的效率分析

民间投资效率就是民间资本在各个领域的投入与产出之间的对比关系。民间投资由于其主要来自私人的投资，与政府投资一个很大的不同就是其在很大程度上追求的是利润最大化，若没有政府调控，一般不会追求更多的社会效益。但投资所带来的效益不应该仅仅体现在货币计量上，也应该更多地关注其他效益。因此，对民间投资效率的判断是十分复杂的。本节运用边际资本产出比率（*ICOR*）对安徽民间投资总体效率进行分析，采用数据包络分析（DEA）对安徽民间投资各地级市及行业大类的民间投资效率进行分析。

一、民间投资的总体效率分析

投资效率的评价测算方法一般有边际资本产出比率（*ICOR*）、不变要素替代弹性（*CES*）生产函数等。其中边际资本产出比率在进行效率评价时不考虑固定资产折旧，且不考虑资本存量与折旧率的问题，计算起来相对简单且比较直观，因此应用的比较普遍。基于其简单实用的特点，本部分也采用 *ICOR* 分析安徽历年民间投资的总体效率变化情况。

ICOR 是指增加单位总产出所需要的资本增量，如果用 K 表示资本存量，ΔK 表示资本增量，Y 表示年度总产出，ΔY 表示总产出增量，则 $ICOR=\Delta K/\Delta Y$。*ICOR* 下降说明在单位总投入不变的情况下，

单位总产出增多，说明投资效率提高；反之，则意味着投资效率的下降。在民间投资效率研究中，资本增量用固定资产投资中的民间投资完成额 PI 代替，总产出用年生产总值代替，有 $ICOR=PI/\Delta GDP$。

在计算 *ICOR* 时，直接选用 2012—2017 年《安徽统计年鉴》中固定资产投资完成额中的民间投资完成额和生产总值进行测算，并绘制折线图。

2012—2017 年安徽及全国 *ICOR* 变动如图 6－8 所示。

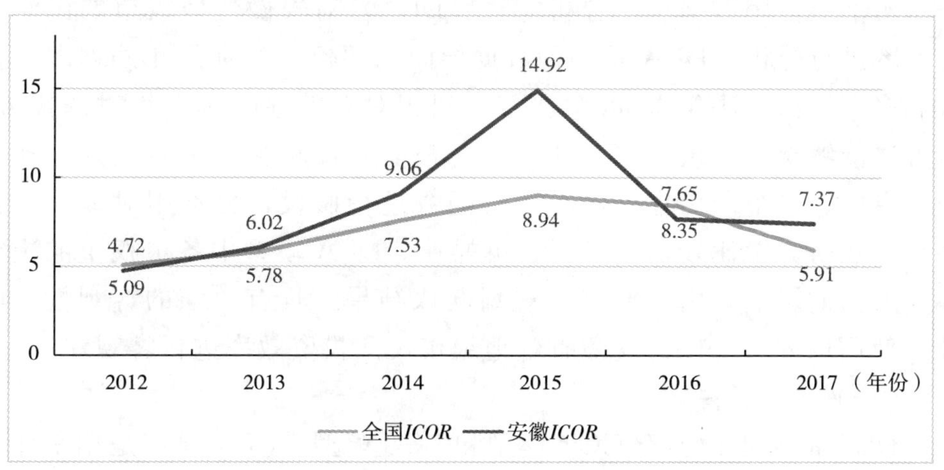

图 6－8　2012—2017 年安徽及全国 *ICOR* 变动

数据来源：国家统计局和安徽省统计局。

从图 6－8 可以看出，安徽省近几年的 *ICOR* 数值，除 2015 年高出全国 *ICOR* 数值较多外，其余各年份与全国的 *ICOR* 数值十分接近，2012—2017 年，安徽省民间投资 *ICOR* 呈现出先升后降的特征，先是从 2012 年的 4.72 快速增长至 2015 年 14.92，随后开始回落至 2017 年的 7.37。

安徽民间投资 *ICOR* 之所以呈现出这样的变化趋势，与政府的宏观经济调控是息息相关的。十八大以来，安徽省从各个方面加大了对民营经济的开放力度，民间经济活力得到充分激发，基础建设等公共领域及民生领域向民间资本开放的范围更广，而这些领域的投资效率相对来说是比较低的，因此 2015 年以前呈现出民间投资效率下降的趋势，而随后民间投资效率得以提高主要是受房地产市场调控的影响，随着 2015 年安徽对楼市的调控政策的出台，房地产市场受到一定的限制，而安徽民间投资中房地产业投资占有相当大的比重，因此随后在 2016 年安徽民间投资 *ICOR* 开始下降，也说明安徽对楼市的调控政策效果显著。

二、地级市民间投资效率分析

本部分使用数据包络分析方法（DEA）对安徽各地级市的民间投资效率进行分析，DEA 是一种数据导向的评价，特别是在处理多个输入和多个输出的决策单元（DMU）间相对有效性时具有绝对的优势。该方法能够减少主观因素的影响，算法处理简单化，可直接处理多个投入指标、多个产出指标，不用对函数进行假设，也不用对参数进行估计，在研究中比较切实可行、可操作。DEA 模型中各个权重的决定不受人为的影响，由内部线性规划获取结果，具有较强的客观性。因此，使用该方法可以对安徽省各地级市民间投资效率进行客观评价。

（一）模型选择

DEA 的基本模型有 CCR 模型和 BCC 模型。CCR 模型是用来评价决策单元的综合效率的，该模型有一个假设前提，即所有的决策单元是在最优规模上运行的。可是实际生活中，因为不完全竞争以及相关融资政策的限制，很多的决策单元并非满足前提假设。而 BCC 模型用规模报酬可变假设取代 CCR 模型的固定规模报酬假设，可以解决 CCR 模型存在的问题，该模型不要求所有决策单元必须在最优的规模上运行，如果决策单元不是在最优的规模上运行时，运用 CCR 模型所得的技术效率包含规模效率。另外，运用 BCC 模型还可以判断 DMU 的规模效益处于递增还是递减阶段。

此外，按计算方向划分，DEA 模型包括投入导向型和产出导向型。在保持产出水平一定的前提下，研究投入最小化的问题就是投入导向型；而产出导向型是指在保持投入水平一定的前提下，如何使产出水平最大化。但无论采取哪一种导向型进行评价，都不会改变评价的排序问题。因此，我们选用以投入为导向的 BCC 模型对安徽各地级市的民间投资效率进行评价。

（二）指标与数据选取

参与效率评价的各地级市民间投资效率评价指标有投入指标和产出指标，指标的有关选取情况如下：

1. 投入指标

选取的投入指标为除黄山外15个地级市的民间投资完成额。由于黄山主要经济产值来源于旅游产业，2017年其旅游总收入为506.11亿元，占其GDP的83%，而其民间投资在旅游方面的支出较少，其民间投资的投入与产出与其他地级市不存在可比性。因此，我们在分析安徽各地级市民间投资效率时，不将黄山列入比较范围。

2. 产出指标

选取15个地级市的国民生产总值、财政收入及新增固定资产作为产出指标，反映各地区民间投资活动提供产品或服务的经济价值。

（三）效率测算与评价

将2017年安徽15个城市的投入指标和产出指标的数据带入DEAP 2.1软件进行运算分析，便可以得到各地级市的规模效率、规模报酬水平、技术效率及纯技术效率，借此对2017年各地级市的民间投资效率进行分析。具体数值见表6-4与表6-5所列。

表6-4　2017年各地级市民间投资投入及产出情况　（亿元）

城　　市	生产总值	财政收入	新增固定资产	民间投资
合肥市	7003.05	655.90	2932.13	3704.19
滁州市	1604.39	182.51	1055.73	1332.69
六安市	1168.05	112.79	665.51	748.89
安庆市	1708.83	121.02	1009.49	1164.18
淮北市	924.01	60.54	751.02	729.83
亳州市	1149.79	94.55	407.58	724.20
宿州市	1466.45	100.12	807.94	1079.48
蚌埠市	1550.66	141.07	1170.65	1164.30
阜阳市	1571.12	157.62	623.14	841.79

（续表）

城　　市	生产总值	财政收入	新增固定资产	民间投资
淮南市	1060.18	101.32	549.12	603.48
马鞍山市	1710.09	138.36	1781.28	1639.61
芜湖市	2963.26	311.23	2924.31	2606.83
宣城市	1185.56	142.97	1108.97	1096.31
铜陵市	1122.10	77.34	934.18	988.15
池州市	624.35	65.19	470.88	519.59

数据来源：《安徽统计年鉴》。

表 6-5　2017 年各地级市民间投资效率评价结果

城　　市	技术效率	纯技术效率	规模效率	规模报酬
合肥市	1.000	1.000	1.000	不变
滁州市	0.846	0.860	0.984	递减
六安市	0.941	0.942	0.999	递减
安庆市	0.906	0.917	0.988	递减
淮北市	0.968	1.000	0.968	递增
亳州市	0.840	0.891	0.942	递增
宿州市	0.803	0.811	0.990	递减
蚌埠市	0.967	0.968	0.999	递增
阜阳市	1.000	1.000	1.000	不变
淮南市	1.000	1.000	1.000	不变
马鞍山市	0.968	0.988	0.980	递增
芜湖市	1.000	1.000	1.000	不变
宣城市	0.962	0.976	0.986	递增
铜陵市	0.883	0.903	0.978	递增
池州市	0.885	1.000	0.885	递增
平均值	0.931	0.95	0.98	—

注：技术效率＝纯技术效率×规模效率。

针对 DEA 测算结果，下面分别从技术效率、规模效率及规模效益的角度对安徽各地级市的民间投资效率进行分析：

各地级市技术效率与规模效率分析。第一类，合肥、芜湖、阜阳、淮南、六安、蚌埠、马鞍山、宣城、淮北。从表 6－5 可以看出，这 9 个市的纯技术效率与规模效率都比较高，各项指标数值均等于 1 或接近 1，说明这 9 个地级市的民间投资效率水平较高，民间资本投入的运行效率和管理水平也比较高，民间投资结构与民间投资规模方面相对比较合理。第二类，宿州、滁州、安庆、亳州、铜陵。这 5 个市的特点是规模效率相对较高，数值上比较接近 1，但技术效率相对较低，介于 0.80～0.91 之间。说明这 5 个市现有民间资本利用的效率还没有达到最佳水平，还属于投入高、效率低的状态，应该进一步加大用于技术改造的民间投资，提高管理水平与效率，降低产出成本。第三类，池州。池州与第二类 5 个城市的情况恰恰相反，其纯技术效率等于 1，但规模效率为 0.885，在一定程度上说明其民间投资存在投资不足的情况。这说明池州民间资本运作效率和管理水平比较高，但在民间投资规模的控制上仍有改进空间，需要把重心放在民间投资力度与民间投资规模上。

各地级市民间投资的规模效益分析。从表 6－5 可以看出，参与评价的 15 个市中有 4 个城市处于规模收益递减阶段，有 7 个市处于规模收益递增阶段，有 4 个市处于规模报酬不变阶段。可见，安徽省各地级市民间投资整体呈现出规模效益递增的技术特征。

根据上文分析，池州存在规模效率不足的问题，民间投资规模与结构需要改善与优化。而只有根据各地级市的规模收益情况，才能进一步地确定各地级市民间投资规模的调整方向，促进其民间投资的效率达到最佳状态。在调整民间投资规模时，不能“脚痛医脚、头痛医头”，而应根据不同地级市的情况，定向调整，既要注重宏观环境引导方向，又要注重微观个体差异，在注重改善投资量的同时不断优化调整产业结构，避免出现因为调整过度而出现的产能过剩现象。虽然第一类、第二类地级市基本不存在规模效率不足问题，但其中有 4 个市（滁州、安庆、六安、宿州）处于规模效益递减阶段，应注意控制民间投资的发展速度，避免民间投资进入低效率区域。

三、行业民间投资效率分析

本部分关于行业民间投资效率的分析思路及方法与前面分析的各地级市民间投资效率一致，因此有关模型介绍与选择在本部分就不再赘述。直接选取相关指标与数据进行效率测算与评价。具体情况如下：

（一）指标与数据选取

参与效率评价的行业民间投资效率评价指标有投入指标和产出指标，指标的选取情况如下：

1. 投入指标

选取了行业大类中民间投资额超过100亿元以上的行业进行分析，符合条件的有13个行业，选择的投入指标为这些行业大类2017年的民间投资完成额。

2. 产出指标

选取13个行业大类的国民生产总值及新增固定资产作为产出指标，反映各地区民间投资活动提供产品或服务的经济价值。

（二）效率测算与评价

将2017年安徽13个行业大类的投入指标和产出指标的数据带入DEAP 2.1软件进行运算分析，便可以得到各行业的规模效率、规模报酬水平、技术效率及纯技术效率，借此对2017年各行业的民间投资效率进行分析。具体的数值见表6－6与表6－7所列。

表6－6 2017年安徽各行业民间投资投入及产出情况 （亿元）

行业	生产总值	新增固定资产	民间投资
农、林、牧、渔业	2706.74	598.73	657.40
工业	10916.31	9129.96	10811.00
批发和零售业	1910.47	500.55	544.23
交通运输、仓储和邮政业	875.38	1063.80	403.93
住宿和餐饮业	500.57	143.18	184.38
信息传输、软件和信息技术服务业	510.62	205.56	207.94
房地产业	1390.48	2210.07	4830.41

（续表）

行 业	生产总值	新增固定资产	民间投资
租赁和商务服务业	1168.92	384.69	395.44
科学研究和技术服务业	282.60	194.59	188.77
水利、环境和公共设施管理业	167.49	2081.56	405.06
教育	764.06	280.79	116.80
卫生和社会工作	471.07	169.56	122.16
文化、体育和娱乐业	328.40	140.19	106.56

数据来源：《安徽统计年鉴》。

表 6－7 2017 年安徽各行业民间投资效率评价结果

行 业	技术效率	纯技术效率	规模效率	规模效益
平均值	0.528	0.755	0.706	—
农、林、牧、渔业	0.629	1.000	0.629	递减
工业	0.243	1.000	0.243	递减
批发和零售业	0.537	0.851	0.630	递减
交通运输、仓储和邮政业	0.676	0.864	0.783	递减
住宿和餐饮业	0.415	0.497	0.835	递减
信息传输、软件和信息技术服务业	0.392	0.502	0.780	递减
房地产业	0.110	0.435	0.253	递减
租赁和商务服务业	0.452	0.703	0.643	递减
科学研究和技术服务业	0.319	0.355	0.900	递减
水利、环境和公共设施管理业	1.000	1.000	1.000	不变
教育	1.000	1.000	1.000	不变
卫生和社会工作	0.589	0.601	0.980	递减
文化、体育和娱乐业	0.505	1.000	0.505	递增

注：技术效率＝纯技术效率×规模效率。

针对 DEA 测算结果，下面分别从技术效率、规模效率及规模效益的角度对安徽各行业的民间投资效率进行分析：

各行业技术效率与规模效率分析。第一类，水利、环境和公共设施管理业，教育事业。从表 6－7 可以看出，这两个行业的纯技术效率与规模效率都比较高，各项指标数值均等于 1 或接近 1，说明这两个行业的民间投资效率水平较高，民间资本投入的运行效率和管理水平也比较高，民间投资结构与民间投资规模方面相对比较合理。第二类，农、林、牧、渔业，工业（含采矿业，制造业，电力、热力、燃气及水的生产和供应业），文化、体育和娱乐业。这三个行业的纯技术效率均为 1，但是其规模效率相对较低，导致其技术效率不高，且工业及文化、体育和娱乐业技术效率还低于平均水平。这说明这几个行业的民间资本运作效率和管理水平相对较高，但在投资规模控制上相对不合理，特别是在文化、体育和娱乐业方面，应扩大民间资本的投资规模，以促进民间投资整体效率的提升。第三类行业，科学研究和技术服务业，卫生和社会工作。这两个行业与第二类行业恰恰相反，其规模效率相对较高，都比较接近 1，但是其纯技术效率不高。这说明这两个行业民间投资的结构与资本运作水平还有待提高，政府部门应继续加大对这两个行业民间投资的管理力度，促进民间投资在这两个行业内更合理地进行配置。第四类行业，批发和零售业，交通运输、仓储和邮政业，住宿和餐饮业，信息传输、软件和信息技术服务业，房地产业，租赁和商务服务业。这几个行业无论是纯技术效率还是规模效率水平都很低，导致整体效率都不高，除了批发和零售业，交通运输、仓储和邮政业高于平均效率水平外，其他行业均低于平均水平。这说明这些行业既存在民间投资效率不高与管理水平落后的问题，又存在投资规模控制不合理的问题，从而导致这些行业出现民间投资效率整体较差的情况。政府一方面应加大对这些行业民间投资的投入力度，另一方面又要加强对这些行业民间投资的管控强度。

各行业民间投资规模效益分析。从表 6 - 7 规模收益阶段的测算结果中可以看出，参与评价的 13 个行业中有 10 个行业处于规模收益递减阶段，有 1 个行业处于规模收益递增阶段，有 2 个行业处于规模报酬不变阶段。安徽这 13 个行业的民间投资整体呈现出规模效益递减的技术特征。

根据上文分析，除教育和水利、环境和公共设施管理业外，其他各行业均存在规模效率不足的问题，民间投资规模与结构需要改善与优化。尤其是文化、体育和娱乐业存在规模效益递增的情况，应鼓励民间资本多向该行业进行投资。对于规模报酬递减的行业，应注意控制民间投资的投资速度，注重调整民间投资的结构，加强民间投资的管理水平，改善民间投资效率，从而促进民间投资在各行业的健康发展。

第四节 安徽民间投资发展存在的问题、对策及其展望

经济增长的动力很大一方面来源于投资，而民间投资作为投资的主要力量之一，其对于经济增长的作用不言而喻，只有较好地促进民间投资的发展，才能从一定程度上促进投资的稳定发展。但是从安徽目前民间投资的发展情况来看，无论是民间投资的规模、速度，还是投资结构和行业领域，虽然取得了不错的发展，但仍没有达到最佳水平。通过对安徽民间投资的有关数据进行分析，本节将列举出安徽民间投资存在的主要问题和不足，并提出相应的政策建议，并结合近几年数据对安徽民间投资进行展望。

一、民间投资存在的主要问题

由以上分析可知，安徽民间投资在总体规模及增长速度上都取得了不错的发展，然而在快速发展的同时，仍然面临着许多挑战。安徽民间投资存在的一些主要问题如下：

（一）民间投资总体规模偏小、结构不优、投资效率偏低

安徽民间投资与沿海发达省份相比还有较大差距，在中部六省中也没有太大优势。从民间投资总量来看，安徽民间投资总体规模明显低于周边的江苏等发达省份；在中部六省中，安徽民间投资规模也低于河南和湖北。从占比来看，安徽民间投资占全社会固定资产投资的比重低于中部的河南和江西。从投资结构上看，相比于民间投资发展较好的省份，安徽民间投资还存在结构不合理等问题。一方面，房地产业投资占比过大，接近四分之一；另一方面，制造业民间投资结构

中传统产业投资的比重较大，装备制造业和战略性新兴产业投资比重偏低。从投资效率上看，安徽各地级市民间投资效率整体上有待提升，13 个行业大类中只有 2 个行业达到了 DEA 最优状态，大部分行业出现规模报酬递减的情况，表明安徽民间投资的总体效率不高。

（二）民间投资领域有待进一步拓宽

安徽民间投资大部分集中在制造业和房地产业，这两个行业的民间投资总额占安徽民间投资总额的近五分之四，而在文体娱乐、科研服务业等新经济领域和燃气、交通运输、电力等公共服务领域的投入相对较少。虽然安徽出台了诸多鼓励放开民间投资领域的政策措施，但是通过统计的数据可以看出，实际效果还有待进一步提升，尤其是在坚持“房子是用来住的，不是用来炒的”的基本政策的前提下，在供给侧结构性改革的持续推进、对传统产能不断淘汰的背景下，传统制造业及房地产业的投资回报率可能会出现较大幅度的下降。若不能更适时地放宽民间投资的领域，届时可能会面临资本外流的风险，对安徽经济发展产生一定的负面效应。

（三）民间投资主体实力相对不强

与长三角、珠三角等沿海发达地区相比，安徽民间投资主体存在数量少、实力弱的特点。从民间投资主体的数量上看，安徽省内资企业中，民营企业单位数为江苏的四分之一，广东的三分之一；在中部六省中，也明显少于相邻的河南与湖北。从民间投资的企业规模上看，安徽规模较大、知名度较高的民间企业数量比较少。在 2017 年发布的全国民营企业 500 强中，安徽仅有四家企业入围，而沿海的江苏、浙江、广东等发达省份企业入围数均接近百家。在中部六省中，安徽也是垫底，不及河南与湖北的三分之一。

二、促进民间投资的主要措施

2018 年，中共中央政治局会议提出要做好“六稳”工作，其中稳投资作为“六稳”之一，其重要性不言而喻。无论是从现在，还是从未来看，保持经济稳定高质量发展，就必须保证投资的稳定及高质量发展，同时就需要保证民间投资的稳定高质量发展，特别是中长期经济高质量发展，在一定程度上需要依靠民间投资这一内生性投资来源的稳定发展得以保证。为此，安徽必须在鼓励民间投资方面采取更加符合实际、更加切实可行、更加行之有效的政策措施。

（一）彻底打破各类垄断，进一步扩大民间投资范围和领域

民间投资的效率在一定程度上代表了市场的运作效率，而造成市场效率低下的原因之一就是垄断，其与市场是一种相互对立的关系，在市场经济下要提高效率就要最大程度地消除垄断。主要是因为垄断不但会破坏公平竞争的市场环境，而且还会明显降低全要素生产效率。目前，安徽在部分经济领域仍存在一定的垄断行为。要想鼓励民间投资的发展，就需要针对存在的垄断现象，采取定向改革、各个击破、逐步推进的方针，从根本上尽可能地消除垄断经济，进行市场变革，让市场在资源配置中真正地起到决定性作用。

不断推进“正面清单”和“负面清单”制度，根据安徽实际情况，不断地扩大、调整民间投资的领域与范围。放宽市场准入条件，让市场主体充分感受到“法无禁止即可为”的投资氛围。鼓励并引导安徽民间投资多元化发展，充分发挥安徽省产业发展基金、民企发展基金、支持民企发展资管计划等基金的带动效应，引导民营企业更多地向电子信息、高端装备制造、汽车、生物医药、新材料、新能源等重点发展的战略性新兴产业和现代服务业等领域拓展。

（二）完善民间投资金融服务，继续加大民间投资的政策支持力度

民间投资的效率低，在一定程度上受融资成本高的影响。因此，应充分发挥安徽创新创业基金、产业发展基金等政府资金的引导作用，平等地对待各类投资主体，必要时可以适当地向民营企业倾斜。加快建设省、市、县级政策性担保机构，为民营企业及民间投资项目提供融资担保服务，解决无担保贷款难的问题。鼓励民间资本发起设立或参与民营银行建设工作，充分发挥互联网的功能优势，正取引导互联网金融的发展，不断扩大民营企业的融资渠道。鼓励民营企业扩大融资规模，加大对民营企业融资的财政补贴力度，利用财政政策降低民营企业资金成本。加强对民营企业的上市培育工作，引导并鼓励民营企业到资本市场进行融资。

在完善民间投资金融服务的同时，要加强对民间投资的政策支持力度。可以从以下几个方面着手：首先，让更多民营企业参与到政府采购中来，甚至可以在一定程度上向民营企业倾斜，比如在一些政府采购项目上只面向中小民营企业，以提高民营企业参与政府采购的积极性。其次，在降低民营企业运营成本上多下功夫，要让民营企业切切实实地感受到减税降费的好处。可以编制税收激励措施清单，加强税收优惠政策的推广，让更多的私营企业了解政策。全面整理涉企收费目录，且实行动态管理，逐步减少收费项目、降低收费标准。真正实现“涉企收费进清单，清单之外无收费”。再次，保障民间投资项目用地指标。针对符合产业发展方向、技术含量高、产业带动性强的大的民间投资项目，应优先安排新增建设用地指标。鼓励民营企业节约集约用地，对建设或租用多层标准化厂房的民营企业应给予一定的补贴。

（三）提升民营企业整体素质，大力培育和弘扬优秀企业家精神

“打铁还需自身硬”，安徽民间投资主体实力不强与民间投资主体的整体素质不高有很大关系。提高民间投资主体的素质需要做好以下几个方面的工作：一是加快提升民营企业自主创新能力。创新能力的提升是民营企业转型升级的重要动力，政府要充分利用各类基金及税收优惠政策，引导民营企业加大研发投入，建立健全以民营企业为主体的生产、教育、科研技术创新体系。二是不断提高民营企业的知识与技能。除了政府指导外，提升民营企业自身的知识与技能也尤为关键，可直接提高民营企业的决策力与竞争力，是民营企业转型升级必备的内部因素。通过政府部分、行业协会及其他第三方机构等，采取理论学习与外出考察等形式，全方位开展有关民营企业运营管理、文化建设、品牌塑造等各个方面的培训学习，不断提高民营企业的整体素质。三是持续推进民营企业的公司制改革。公司制改革是民营企业发展壮大的必由之路，使公司制、股份制成为民营企业的主要组织形态，帮助民营企业建立现代管理制度。

为了有效促进民营企业的发展和社会的全面进步，在提升民营企业整体素质的同时，还要大力培育和弘扬优秀企业家精神。要充分贯

彻落实各级有关发挥企业家作用、弘扬企业家精神的文件精神，积极营造良好的企业家健康成长环境，建立创业型容错援助机制，鼓励和支持企业家真诚地开展业务。引导企业家发扬“工匠精神”，支持企业家创造一流企业，一流管理，一流产品，一流服务和一流企业文化，培育和发展一批具有国际影响力的龙头企业。此外，促进企业家参与涉企相关政策制定机制、涉企相关政策和信息披露机制、帮助企业家工作联动机制和其他体制机制建设，为企业家提供优质、高效、务实的服务。总结优秀企业家的典型案例，对发挥突出贡献的优秀民营企业家进行适当的表彰和宣传。

（四）营造良好的投资氛围，下大力气推进徽商回归工程

良好的营商环境是企业进行投资的关键性决策因素，同时也是影响地方经济发展潜力的主要因素之一，特别在经济面临较大下行压力的情况下，营商环境的重要性甚至已上升为影响地方经济发展的首要因素、决定性因素。目前安徽在营商环境改善上出台了一系列具有特色的措施，如“不见面”审批服务、“一口办理”制度，“四送一服”双千工程，“互联网＋企业信用分类监管”机制，等等，也制定了营商环境监测评价的量化考核机制等。各项政策措施已经制定到位，接下来就看各项政策措施能否落到实处，只有也必须将各项措施理解透彻、落实到位，才能不断推进营商环境的持续改善，才能为招商引资提供一个良好的环境保障，民间资本才会更多地向安徽省流动。

谈到安徽民间投资，不得不提的便是徽商。徽商作为民营经济的一股重要力量，在诸多领域发挥着重要作用，但许多徽商企业主要分布在珠三角、长三角等经济发达地区，还没有形成对安徽省经济社会发展的强大推动力。因此，安徽应充分利用世界制造业大会与中国国际徽商大会等会议平台，积极利用互联网、自媒体等新兴媒介平台，不断地宣传安徽、推介安徽，说好安徽故事，打开徽商的家乡情结，把大力引导徽商企业回皖投资兴业作为安徽省发展民营经济、扩大民间投资、促进经济快速发展的重要途径之一。且对于回皖投资的徽商，实行更加优惠的政策。同时鼓励徽商企业将总部或研发中心迁至省内，

促进更多的徽商企业“凤还巢”。

（五）强化政策执行预期，确保各项措施落到实处

民间投资面临的问题，是一系列的问题，有的是长期存在的，有的是近期出现的，有的可能即将出现。政府有关部门，要深入企业调查，尤其要认真听取民营企业家的真实想法，采取包容的态度对待一些企业家话语过激、不中听的现象，所谓“忠言逆耳利于行”，只有正视问题，才能找准问题根源，也才能对症下药，最终解决问题。另外，还要正视当前统计数据存在的局限性，特别是现阶段有关民间投资的数据统计还不是很健全，很多数据没有纳入统计口径，因此，在分析民间投资有关数据时，政府一定要对企业家反馈的实际情况进行定性分析，尤其是在制定相关政策时，要做到“心中有数”。

近年来，安徽制定并出台了诸多翔实细致的支持鼓励民间投资的政策措施，而各项政策是否落实到位，政策执行效果是否达到预期，政策在执行过程中是否存在问题等一系列政策的保障与监督工作，比政策制定工作要多得多，也难得多。要提高政府部门的工作效率，构建新型的政商关系，确保政府制定的各项政策得到全面的贯彻落实，从而促进民间投资的健康持续发展，推动公平竞争环境的早日真正形成。

三、民间投资形势展望

通过上文的分析，我们发现安徽民间投资经过多年的发展，虽然规模及结构上有了不同程度的改善与发展，但其仍然存在诸多问题。本节将着重分析安徽民间投资发展所处的有利条件及不利条件，并结合前期数据对其后续两年的发展进行展望。

（一）安徽民间投资发展的有利条件

近年来，安徽民间投资所取得的发展与其自身所具备的一些有利条件密不可分，总结来说主要有以下几点：

1. 习近平总书记重要讲话极大地提高了民间投资信心

2018 年 11 月 1 日上午，习近平总书记在民营企业座谈会上强调，公有制为主体、多种所有制经济共同发展的基本经济制度，是中国特

色社会主义制度的重要组成部分，也是完善社会主义市场经济体制的必然要求。他深刻指出，在全面建成小康社会进而全面建设社会主义现代化国家的新征程中，我国民营经济只能壮大不能弱化，不仅不能"离场"，而且要走向更加广阔的舞台。习近平总书记关于民营企业发展的讲话，可以说是给民营企业家们吃下了定心丸，喝下了顺心汤，可以踏踏实实地谋发展，没有了后顾之忧。在讲话中，习近平指出，要不断为民营经济营造更好的发展环境，帮助民营经济解决发展中的困难，支持民营企业改革发展，为民营企业下一步发展指明了方向。

2. 安徽省发展和改革委员会抓紧落实部署补短板、稳投资的各项政策措施

为贯彻落实全国发展改革系统补短板稳投资会议精神，安徽省发展和改革委员会立足"抓早、抓准、抓实、抓效"，召开全省发展改革系统补短板稳投资会议，其中关于民间投资特别强调，要依托投资项目在线审批监管平台，持续向民间资本推介项目，形成常态化推进机制。规范有序推广政府和社会资本合作（PPP）模式，鼓励民间资本参与补短板重大项目。以投资项目承诺制改革为重点，继续深化投资审批体制改革，进一步清理精简投资审批事项。

3. 安徽陆续出台了一系列支持民间投资的具体措施

近年来，安徽省出台了诸多支持鼓励民间投资的政策措施。自2016年以来，安徽连续3年共出台"50条"降成本政策，累计降成本1790亿元。其中，2018年安徽省委、省政府深入学习领会习近平总书记在民营企业座谈会上的重要讲话精神，在深入听取民营企业心声、广泛征求各方意见的基础上，制定了《关于大力促进民营经济发展的若干意见》（以下简称《意见》），《意见》坚持鲜明的问题导向，重点针对民营企业发展中遇到的转型难、融资难、市场开拓难等问题，既舍得"真金白银"、给予"十百千"支持，又勇于"拓展空间"、注重提振民营企业家信心，其他省份能降的我们都降，其他省份能给的我们都给，可以说是温度十足、干货十足、获得感十足。

4. 营商环境进一步改善，有利于民营企业公平参与市场竞争

安徽在努力营造公平竞争上，坚决破除民营经济市场准入的各类

门槛，帮助民营企业走向更加广阔的舞台。一是在审批上做到“真便利”。大力推动“照后减证”，逐步实现“照后能营”，推动企业办事“一网、一门、一次”，打造“四最”营商环境，压缩重点事项审批时限。二是减少民间资本的市场准入限制。全面实施市场准入负面清单制度，推动“非禁即入”普遍落实，开展招投标领域专项整治，规范有序地推广政府和社会资本合作（PPP）模式。三是在发展上做到“真合作”。鼓励民营资本参与国有企业混合所有制改革，提高民营资本在混合所有制企业中的比重。鼓励民营企业通过资本联合、优势互补、产业协同、模式创新等方式参与国有企业重大投资、成果转化和资产整合项目，符合条件的民营企业可以获得控制权。

（二）安徽民间投资发展的不利条件

任何事物的发展都有其两面性，安徽民间投资的发展也不例外，除了上面所说的有利条件以外，其自身的不利条件也很明显，主要有以下两个方面：

1. 地理位置上受周边发达地区虹吸作用的影响明显

安徽属于中部六省之一，但是其又紧邻经济发达的长三角地区，这样的位置导致安徽既不能向苏南地区那样得到上海这个龙头城市的经济辐射和产业转移，又被上海、南京、杭州、苏州等发达城市的虹吸作用吸引了大量的人才与资本，民间投资也不例外，2017 年安徽仅有四家民营企业进入全国民营企业 500 强，由此可见，周边发达地区对安徽民间投资的虹吸作用十分显著。

2. 民营经济运营成本、融资成本过高

随着工业化、城镇化的迅速推进，促进经济增长、支撑民营经济发展的传统要素优势已经越来越不明显，不仅不明显，反而在一定程度上成为影响民间投资发展的障碍与阻力。国家下大力气推进的减税降费措施，就是要在要素价格上升、企业综合成本快速上升的同时，给企业减轻负担，丢掉包袱，让企业轻装上阵，实现转型升级。目前来说，安徽民营企业综合成本高主要表现在：原材料价格涨幅较大，劳动力成本快速上升，融资成本普遍偏高。不仅存在人工成本及融资成本高的问题，还存在结构性招工难、贷款难的现象。这些问题已经成为制约安徽民间投资发展的突出问题。

（三）安徽省民间投资展望

纵观2019年，习近平总书记重要讲话、抓紧落实部署补短板稳投资的各项政策措施、一系列支持民间投资的具体措施的出台、营商环境的进一步改善将成为促进安徽民间投资稳定增长的有利因素。与此同时，须密切关注安徽周边发达地区的虹吸作用、民营经济运营成本融资成本过高等不利因素的影响。

综合判断，2019年安徽民间投资将继续维持稳中有进的态势，在原有统计口径不变的情况下，预计增长20％左右，民间投资总额预计将突破25000亿元。根据往年安徽民间投资增速情况判断，在经过连续的快速增长后，预计2020年民间投资会出现回调，但随着近年来政府加大对民营经济的支持力度，预计回调幅度不大，安徽民间投资在2020年预计增速为15％左右，民间投资总额预计在28000亿元左右。

参考文献

[1] 习近平．决胜全面建成小康社会　夺取新时代中国特色社会主义伟大胜利———在中国共产党第十九次全国代表大会上的报告［R］．新华网，2017-10-27.

[2] 李克强．2019 年全国两会政府工作报告［R］．中国政府网，2019-3-5.

[3] 李国英．2019 年安徽省政府工作报告［R］．人民网，2019-1-19.

[4] 安徽省统计局，国家统计局安徽调查总队．安徽省 2018 年国民经济和社会发展统计公报［R］．安徽省统计局网站，2019-03-01.

[5] 王建国．扎实推进习近平新时代中国特色社会主义思想“三进”的思考［J］．国家教育行政学院学报，2017（12）：3-8.

[6] 韦洪发，张然．习近平新时代中国特色社会主义思想融入经济理论课的几点思考［J］．思想理论教育导刊［J］．2018（5）：101-104.

[7] 夏兴萍，王斌．安徽投资发展现状和对策［N］．安徽日报，2018-7-10（006）.

[8] 罗一斌，郑峰，董津津．结构变迁视阈中的安徽经济增长动力转换研究［J］．滁州学院学报，2018（4）：14-18+23.

[8] 梁铭豪．共享经济下农村经济发展模式的转变［J］．农村经济与科技，2019（5）：252-253.

[9] 王圣云，单梦静，谭嘉玲．中部地区经济发展跟踪评价与“十三五”加速崛起对策［J］．地域研究与开发，2018（1）：20-25.

[10] 廖海业．融入“长三角”领跑安徽省——加快建设皖江经济带［J］．党史纵览，2018（12）：11-13.

[11] 丁敏，林源源．旅游经济与旅游资源的空间错位现象分析——以皖南国际文化旅游示范区为例［J］．开发研究，2018（5）：65-70.

[12] 张强．解决城乡发展不平衡问题的纵向区域协调［J］．治理现代化研究，2018（5）：45-50.

[13] 张慧．安徽省城镇化与经济协调发展实证分析［D］．上海：上海师范大学，2018.

[14] 王乐军．安徽省新型经济与经济发展的关系［D］．合肥：安徽大学，2017

[15] 马慧敏．安徽省各地区经济发展现状比较研究［D］．蚌埠：安徽财经大学，2017

[16] 王丽霞．经营规模与家庭农场投资效率：抑制还是提升？［J］．南京农业大学学报（社会科学版），2018，18（5）：98-108+158.

[17] 周泽炯，刘丽．农业投资效率的评价及制约因素研究——基于 DEA 方法和面板数据模型

[J]．重庆理工大学学报（自然科学），2018，32（7）：215－221.

[18] 吴本健，肖时花，马九杰．农业供给侧结构性改革背景下的农业产业化模式选择——基于三种契约关系的比较［J］．经济问题探索，2017（11）：183－190.

[19] 郭佳．黑龙江省水利投资效率与投资效益综合评价［D］．哈尔滨：东北农业大学，2017.

[20] 张敏，洪丽君．基于DEA的区域农业机械化投资效率比较分析［J］．农机化研究，2017，39（3）：264－268.

[21] 蒋育燕．广东农田水利财政投资效率分析［J］．华南农业大学学报（社会科学版），2016，15（4）：118－126.

[22] 关玉荣，杨玲．内部控制质量对投资效率的影响——基于农业上市公司经验数据［J］．江苏农业科学，2016，44（4）：519－522.

[23] 高冲，张敏．农业上市公司投资效率及其影响因素分析——基于随机前沿SFA方法［J］．财会月刊，2015（29）：21－25.

[24] 王翠华．粮食主产区农田水利设施投资问题研究［D］．郑州：郑州大学，2015.

[25] 曾福生，郭珍，高鸣．中国农业基础设施投资效率及其收敛性分析——基于资源约束视角下的实证研究［J］．管理世界，2014（8）：173－174.

[26] 李琳．中国农业投资效率评价研究［D］．重庆：重庆工商大学，2014.

[27] 胡春健．基于DEA模型的农业生产投资效率研究——以重庆市为例［J］．广东农业科学，2014，41（4）：193－195＋206.

[28] 罗浩轩．中国农业资本深化对农业经济影响的实证研究［J］．农业经济问题，2013，34（9）：4－14＋110.

[29] 林远志．我国农业基础设施投资效率研究［D］．福州：福州大学，2011.

[30] 杨明明，武鹏林．基于考虑非期望产出的超效率SBM-Malmquist模型的水利建设投资效率评价［J］．水电能源科学，2019，37（3）：128－131.

[31] 董鹏，邓春红，洛浅漩，等．中国高端制造业的痛点与破局［J］．宁波经济（三江论坛），2019（3）：11－14.

[32] 孙煌．陕西省分行业工业固定资产投资效率的DEA分析［J］．产业与科技论坛，2019，18（5）：84－87.

[33] 乐纯．“中国制造2025”背景下杭州工业发展分析与思考［J］．发展研究，2018（4）：67－73.

[34] 新华社．习近平：支持民营企业发展并走向更加广阔舞台［J］．中国产经，2018（11）：6－9.

[35] 昌忠泽，毛培，张杰．中国工业投资与工业结构优化实证研究［J］．河北经贸大学学报，2018，39（06）：31－44.

[36] 张前程，金敏．安徽工业投资回报率估算及其影响因素［J］．安庆师范大学学报（社会科学版），2018，37（4）：86－95.

[37] 孟小英，罗丽．浅谈嘉兴市秀洲区扩大工业有效投资的思路与建议［J］．现代经济信息，2017（6）：460－461＋463.
[38] 陈泓瑾．四川与全国大省工业投资比较分析［J］．四川省情，2017（08）：46－47.
[39] 邓梦兰．贵州省工业投资效益分析［D］．贵阳：贵州财经大学，2016.
[40] 杜月．工业投资的结构效益特征［J］．中国投资，2015（3）：75－77＋11.
[41] 王微．在深化改革中促进服务业高质量发展［N］．中国经济时报，2018－12－18（T15）.
[42] 李勇坚．中国服务业改革40年：经验与启示［J］．中国经济报告，2018（12）：67－70.
[43] 张金明，赵军．安徽省现代服务业集聚区发展研究［J］．宿州学院学报，2018，33（8）：27－30.
[44] 陈景华，王素素．现代服务业发展的地区差异与影响因素——以山东为例［J］．山东社会科学，2018（8）：153－158.
[45] 孙鹏，顾长贵，杨会杰．安徽省各地区现代服务业投资环境评价［J］．技术与创新管理，2018，39（3）：298－305.
[46] 王波．辽宁服务业发展存在的问题与对策［J］．党政干部学刊，2017（11）：54－60.
[47] 杨冬梅．固定资产投资主体结构与投资效率的实证研究［D］．济南：山东大学，2017.
[48] 马胜利．辽宁服务业集聚区发展成就、问题与对策［J］．辽宁经济，2014（10）：29－31.
[49] 王秀明．中国服务业投资效率研究——基于历史数据修正的史实证据［J］．财贸经济，2013（3）：123－131.
[50] 湛谌．中国服务业投资倾向与投资效率研究［D］．武汉：武汉理工大学，2012.
[51] 安徽省国民经济和社会发展第十三个五年规划纲要［N］．安徽日报，2016－05－12（001）.
[52] 吴瀚，杨兴柱．安徽省现代服务业发展时空特征研究［J］．南阳师范学院学报，2018，17（6）：33－41.
[53] 吕珺．京津冀地区生产性服务业集聚及区域差异研究［D］．济南：山东大学，2018.
[54] 王羽佳．地方政府引导现代健康服务业发展政策研究［D］．南京：南京大学，2018.
[55] 周泽炯，刘丽．房地产市场未来发展趋势探析［J］．内蒙古师范大学学报（哲学社会科学版），2018，47（3）：85－88.
[56] 郑芸．住建部：进一步做好既有建筑保留利用和更新改造有关工作［J］．就业与保障，2018（22）：4.
[57] 林依标．商品住宅供地新政分析［J］．中国土地，2018（7）：16－18.
[58] 文博．短期调控与长效机制将更紧密衔接［J］．城市开发，2018（2）：74－75.
[59] 任志安，刘柏阳．新时代淮河经济带工业生态效率地区差异研究［J］．沈阳工业大学学报（社会科学版），2018，11（3）：247－252.
[60] 张宏伟．中央经济工作会议为楼市释放的三大信号［J］．中国房地产，2017（5）：

35 - 37.
[61] 周泽炯．安徽房地产市场发展现状与趋势研究——基于 2007—2016 年的统计数据分析 [J]．巢湖学院学报，2018，20（01）：31 - 38.
[62] 谭小芬，李奇霖．从库存角度看房地产发展［J］．中国金融，2019（3）：71 - 72.
[63] 王媛媛，张凤新．房地产投资效率影响因素实证分析——以保利地产为例［J］．辽宁工业大学学报（社会科学版），2019，21（1）：37 - 38＋56.
[64] 许文秀．当前山西省及中部六省房地产投资运行分析［J］．经济师，2019（1）：57 - 58＋60.
[65] 赵玲．浅析房地产投资的基本理论［J］．产业与科技论坛，2018，17（24）：85 - 86.
[66] 付锦泉，卢映彤．新型城镇化背景下房地产投资分析——以河北省为例［J］．河北企业，2018（12）：130 - 131.
[67] 赵玲．新常态背景下房地产投资项目全过程风险识别与防范［J］．科教导刊（下旬），2018（10）：157 - 158.
[68] 吴宝合．房地产投资风险管理研究［J］．现代经济信息，2018（18）：375.
[69] 颜安辉．房地产项目可行性研究存在的问题及对策［J］．住宅与房地产，2018（19）：14＋46.
[70] 安徽省统计局，国家统计局安徽调查分队．安徽省 2018 年国民经济和社会发展统计公报［N］．安徽日报，2019 - 2 - 28（18）.
[71] 柳立．2018：中国经济强调更高质量增长［N］．金融时报，2018 - 1 - 22（3）.
[72] 刘世锦．老经济与新动能［N］．第一财经时报，2018 - 3 - 5（2）.
[73] 陈涛．深入落实“房住不炒”避免楼市大起大落［N］．经济参考报，2018 - 12 - 13（1）.
[74] 田小文，龚志民．租售同权促进流动人口住房保障机制完善［N］．中国社会科学报，2018 - 12 - 12（2）.
[75] 程蕾．安徽省房地产去库存不均衡的原因分析［J］．智库时代，2018，(51)：289 - 291.
[76] 杨蕊菲．中部六省地价与房价互动关系实证分析［J］．市场研究，2016，(8)：43 - 44.
[77] 刘宇星．中国房地产价格区域差异实证研究［J］．未来与发展，2017，(4)：39 - 45.
[78] 吕丹．中部六省房地产经济发展空间分析［J］．池州学院学报，2017，(05)：39 - 43.
[79] 许文秀．当前山西省及中部六省房地产投资运行分析［J］．经济师，2019，（01）：57 - 60.
[80] 大成企业研究院．2017 年民间投资与民营经济发展重要数据分析报告［M］．北京：社会科学文献出版社，2018.
[81] 大成企业研究院．2016 年民间投资与民营经济发展重要数据分析报告［M］．北京：社会科学文献出版社，2017.
[82] 庞鹤．民营金融行业发展环境优化研究［D］．太原：太原理工大学，2017.
[83] 丁雪玲．民间投资效率及其影响因素的研究［D］．济南：山东大学，2014.

[84] 周伟，蹇梦微．民间资本投资环境全面向好［J］．中国招标，2018（17）：15-16.
[85] 黄远咏．优化发展环境　激发投资活力　全方位推动成都市民营经济大发展［J］．先锋，2018（1）：34-36.
[86] 张冰秋．经济新常态下安徽省民间投资问题研究［J］．宿州学院学报，2017（8）：20-24.
[87] 王斌．关于加快安徽省民间投资的对策建议［J］．时代金融，2017（6）：59+62.
[88] 王彧．基于我国投资现状的有效投资方略［J］．银行家，2017（4）：48-50.
[89] 晓询．政府力挺民资参与 PPP［J］．中国招标，2017（42）：19-20.
[90] 蒋惠芳，张华菁．民营经济的金融困境与破解［J］．知识经济，2016（14）：46.

图书在版编目(CIP)数据

安徽投资发展研究报告 2019/周泽炯等著．—合肥：合肥工业大学出版社，2019.7

(安徽财经大学服务安徽经济社会发展系列研究报告 2019)

ISBN 978-7-5650-4554-7

Ⅰ.①安… Ⅱ.①周… Ⅲ.①投资—研究报告—安徽—2019 Ⅳ.①F832.754

中国版本图书馆 CIP 数据核字(2019)第 140939 号

安徽投资发展研究报告 2019

周泽炯 任志安 汤新云 等著　　　　责任编辑 刘 露

出 版	合肥工业大学出版社	版 次	2019 年 7 月第 1 版
地 址	合肥市屯溪路 193 号	印 次	2019 年 7 月第 1 次印刷
邮 编	230009	开 本	710 毫米×1010 毫米 1/16
电 话	综合编辑部：0551-62903028	印 张	12.5
	市场营销部：0551-62903198	字 数	168 千字
网 址	www.hfutpress.com.cn	印 刷	合肥现代印务有限公司
E-mail	hfutpress@163.com	发 行	全国新华书店

ISBN 978-7-5650-4554-7　　　　总定价：330.00 元